Evi Ketterer

**Geschichten intimer**

**Beziehungen**

AF197254

## Über das Buch

GESCHICHTEN INTIMER BEZIEHUNGEN erzählt die Geschichten des Lebens anhand der Beziehung von Betroffenen, Angehörigen und einer Pflegefachfrau zu Ende. Es sind intime Geschichten über das Sterben wie es ist, es sind die abgeschlossenen Geschichten von Menschen, die bis zu ihrem letzten Atemzug Mensch geblieben sind. Dieses Buch ist kein Ratgeber für das eigene Sterben und es vermittelt kein Wissen. Die hier erzählten Geschichten mögen dazu anregen, sich den unbeantwortbaren Fragen des Lebens zu stellen und zu sehen, wie andere Menschen damit umgegangen sind, bevor sie starben. Jeder Mensch ist einzigartig und so ist es die Geschichte seines Endes. Dies ist in erster Linie ein Buch über die Würde des Sterbens in unserer Gesellschaft.

## Über die Autorin

EVI KETTERER ist diplomierte Intensiv- und Anästhesiepflegefachfrau in der Schweiz; sie besitzt ein CAS-Diplom in Spezialisierter Palliative Care. Seit über 20 Jahren praktiziert sie Buddhismus. Sie studierte kontemplative Sterbebetreuung mit Joan Halifax und leitete später in Los Angeles überkonfessionelle Retreats. Zurzeit arbeitet Evi Ketterer in einem mobilen spezialisierten Palliative-Care-Team, weshalb viele der Geschichten in diesem Buch im häuslichen Umfeld stattfinden. Andere wiederum handeln von der Zeit, als Evi Ketterer als Pflegefachfrau auf der Intensivstation und auf einer akuten Palliativstation arbeitete.

Evi Ketterer

# Geschichten intimer Beziehungen

## Sterbebetreuung einmal anders erzählt

Jenen gewidmet, von denen diese
Geschichten erzählen und allen
anderen, die mir erlaubten, erlauben
und erlauben werden, das letzte Stück
ihres Weges mit ihnen
zu gehen.

www.tredition.de

**Impressum**

© Evi Ketterer, Affoltern am Albis, 2016

Umschlaggestaltung: Evi Ketterer mit Japanischer Kalligra-
phie „MON" (Tor) von Kazuaki Tanahashi

Lektorat Elena Ibello

Verlag: tredition GmbH, Hamburg

978-3-7345-3281-8 (Paperback)

978-3-7345-3282-5 (Hardcover)

978-3-7345-3283-2 (e-Book)

# INHALT

# Vorwort

Das Thema Sterben löst bei fast allen Menschen ein mulmiges Gefühl aus. Erstens wissen wir nicht, wann es für uns soweit sein wird, zweitens denken wir nicht gern an einen endgültigen Abschied von allem was uns lieb und wichtig ist, und drittens fürchten wir uns vor Leiden und Abhängigkeit in der letzten Lebenszeit. Wir entwickeln Strategien, von denen wir glauben, dass sie es für uns und unsere Liebsten leichter machen, Abschied zu nehmen. Fragt man in unserer Gesellschaft nach, wünscht sich die Mehrheit einen plötzlichen Tod oder nur eine sehr kurze Krankheitszeit. Die Zeit des Sterbens wird vor allem mit negativen Vorstellungen verbunden. Deshalb versuchen wir, das Lebensende mit allen Mitteln zu verhindern oder die Sterbephase durch einen selbstgewählten Tod zu umgehen.

Beinhaltet die Zeit des Sterbens wirklich nur Leiden, Verlust, Vergehen und endgültiger Abschied? Wer sich dem Gedanken an das eigene Sterben verschließt und sich bisher auch nicht auf die Begleitung nahestehender Menschen im Sterben eingelassen hat oder die Gelegenheit nicht hatte, wird dazu neigen, die Frage mit „Ja" zu beantworten. Kaum jemand glaubt, dass in dieser Phase der zunehmenden Schwäche und Verletzlichkeit ein immenses Potenzial an Tiefe in Beziehungen und Wachstum in der Persönlichkeit liegen könnte.

Es gibt viele philosophische und spirituelle Abhandlungen zum Thema Sterben, theoretische Auseinandersetzungen und dogmatische Aussagen über Wachstum und Reifung. Manchmal interessant zu lesen und doch zu abstrakt für uns als Person. Was in der ehrlichen und authentischen Beziehung zwischen Menschen geschehen, was hinter der lange gehaltenen Fassade der Selbstkontrolle zum Vorschein kommen kann, das lassen uns die „Geschichten intimer Beziehungen" erfahren. Sie sind eine Schatztruhe von sehr eindrücklichen persönlichen Beziehungen zwischen Sterbenden und ihren begleitenden Mitmenschen und lassen uns teilhaben an berührenden persönlichen Entwicklungen. Begriffe wie Würde, Vertrauen, Kommunikation und Spiritualität nehmen ganz selbstverständlich Gestalt an.

Solche Erlebnisse mit Sterbenden bereichern und beschenken auch mich als Palliativmediziner immer wieder neu. Es ist jedes Mal eindrücklich, wenn das Sterben für einen Menschen und für jene, die ihn begleiten, die Schwere verliert und es zu einem Teil des natürlichen Lebensflusses wird. Danke, Evi, für dein Engagement, für deine Ehrlichkeit und Offenheit, und dafür, dass du uns teilhaben lässt an diesen sehr persönlichen Geschichten und Reflexionen.

Roland Kunz

# EINLEITUNG

Ganzheitliche Sterbebetreuung ist keine dualistische Geschichte von Kranken – Pflegenden, Pflegeempfängern – Pflegeanbietern, wissenden Profis – abhängigen Laien. Es ist das Teilen des einen Lebens als Einheit jetzt. Dies ist, wie ich über Sterbebetreuung reden möchte. Daher handelt dieses Buch auch nicht von medizinischen Fakten und möchte nicht als psychologischer oder spiritueller Ratgeber verstanden werden. Es erzählt Geschichten. Es sind die Geschichten von Menschen, die ich begleiten durfte, und die mich gelehrt haben, dass ich auch als Profi ein verletzlicher Mensch bleiben darf. Mehr noch: Wie wichtig es ist, dass ich gerade als Profi ein verletzlicher Mensch bleibe, um wirklich ein guter Profi für die Betroffenen zu sein.

Ich würde gerne die Menschen würdigen, die mich das gelehrt und es mir erlaubt haben, diese intimste Zeit ihres Lebens mit ihnen zu teilen. Darum will ich in diesem Buch erzählen, wie ich die Begleitungen dieser Menschen erlebt habe. Es sind Geschichten von speziellen Beziehungen, kurz, intensiv und sehr intim.

Zwischen einzelnen Geschichten befinden sich manchmal Gedanken oder Reflexionen[1] von mir, die ich mir einfach

---

[1] Um auch das unabhängige Lesen einzelner Geschichten zu ermöglichen, sind die Geschichten im Inhaltsverzeichnis kursiv gesetzt.

von der Seele schreibe, denn auch ich bin ein Teil dieser intimen Beziehung. Viele dieser Reflexionen haben mich zu der Pflegefachfrau gemacht, die ich bin und die auch solche Gespräche mit den Betroffenen führt. Vielleicht helfen sie auch den Leserinnen und Lesern ein wenig zu verstehen, mit welchen Fragen sich Betreuende, Sterbende und Angehörige beschäftigen. Es ist mir aber ein Anliegen, dass die Menschen, deren Geschichten ich erzähle, im Mittelpunkt bleiben.

## 1. ALIDA, DIE WÜRDE IN PERSON

Zum Beispiel gibt es da die Geschichte von Alida[2], die mich endgültig dazu motivierte, darüber zu reden und zu schreiben, wie Menschen in unserer Gesellschaft konkret sterben, was sie beschäftigt, und dass sie bis zum Ende sie selber bleiben dürfen.

Es war ein normaler Besuch bei Alida. Sie saß aufrecht auf ihrem Sessel, mager, wach, darauf bedacht, ihre Würde zu bewahren. Sie hatte ein paar Fragen, die sich alle darauf beschränkten, welche Symptome bestehen oder auf sie zukommen könnten. In der Regel fragte auch ihr Ehemann nur nach solchen körperlichen Aspekten. Ich saß auf dem Sofa und fasste in meinem Laptop das Wenige zusammen, was man in einen Pflegebericht schreibt, als mich plötzlich

---

[2] An dieser Stelle möchte ich sagen, dass ich in diesem Schriftstück alle Namen ändere und hauptsächlich Vornamen verwende. Der eine Grund dafür ist der Schutz der Privatsphäre und der Daten dieser Menschen. Auf der Beziehungsebene spreche ich fast niemanden, den ich betreue, mit Vornamen an. Der gegenseitige Respekt drückt sich oft durch die Höflichkeitsform in der deutschen Sprache aus. Nach dem Sterben geschieht in mir oft ein Wandel zum „Du" im inneren Dialog. Da die Begleitenden immer mit Vornamen von ihren Angehörigen reden, ist es mir dann natürlich, es auch zu tun. Es geschieht nicht absichtlich, aber es ist so für mich stimmig, um den Respekt und die Bezeugung der engen Beziehung zum Ausdruck zu bringen.

von der Seite die fragende Feststellung traf: „Sie sehen sicher viele schwerkranke Menschen?"

Diese Frage kenne ich. Ich weiß mittlerweile, es ist jene, mit der ich getestet werde, ob ich vertrauenswürdig genug bin, sie als ganzen Menschen betreuen und den gemeinsamen Weg bis zu Ende mit ihnen gehen zu dürfen. Es ist die Frage, die testet, ob ich zur intimen Beziehung fähig bin, oder auf der professionellen Halt mache. Ich liebe diese Fragen, weil es so viel Mut kostet, sie zu stellen – vor allem, wenn man krank ist und das dumpfe Gefühl hat, man sei nun in dieser Leistungsgesellschaft nichts mehr wert, entspreche nicht mehr den Normativen von jung, schön und erfolgreich.

Wenn ich in den Augen der Patientinnen und Patienten oberflächlich antworte, – was nicht wirklich ein Versagen ist; es passiert, wenn die Chemie nicht stimmt – dann finde ich, dass ich die Beziehung auch nicht verdient habe. Wenn ich in Alidas Augen versagt hätte, hätte sie sofort die Tür zu einer tiefen Beziehung geschlossen. Sterbende haben nichts zu verlieren.

Manchmal ist eine oberflächliche Antwort auch eine natürliche Art meinerseits, Grenzen zu setzen. Ja, es kostet mich als Betreuende ebenfalls Mut, mich immer wieder auf diese Beziehungen einzulassen, von denen klar ist, sie werden bald enden. Diesen Mut kann man lernen und ich kann mir nicht vorstellen, wie ich anders pflegen könnte. Es ist das Juwel in der Sterbebetreuung für mich, auch wenn die Toten dies nicht mehr bestätigen können.

Die Geschichte mit Alida endete damit, dass ich den Deckel meines Laptops sofort zumachte, ihr in die Augen schaute und einfach sagte: „Ja." Sie fuhr fort: „Das muss schwer für sie sein?!" Ich antwortete: „Nein. Sie sind ja nicht weniger Mensch, weil sie eine Diagnose haben, an der sie sterben. Vielleicht sogar mehr. Wenn Menschen mit ihrer Verletzlichkeit konfrontiert sind und sie leben, werden manche von ihnen die schönsten Menschen, denen ich je begegnet bin." Ich meinte das so und ich liebte es, dass sie mich herausforderte. Sie war eine der würdigsten Menschen die ich traf: schön, offen, klar, obwohl sie todkrank war. Ja, ich war traurig, als sie starb. Aber jenseits der Trauer ist immer die Freude, dass es mir erlaubt war, sie kennenzulernen.

Das ist das Hautpanliegen, welches ich teilen möchte: Ein Mensch ist nicht weniger ein Mensch, weil er unserem Anspruch an Perfektion und unserer Idealisierung dessen, was Leben ist, nicht mehr entspricht (jung, gesund, immer glücklich, wohlhabend, mächtig, angesehen...). Im Gegenteil. Menschsein ist das ganze Bild dessen, was wir sind.

In meinem Werdegang als Mensch musste ich erkennen, wie ich durch meine eigenen versteckten Ängste und durch meine erlernte Agenda Menschen instrumentalisierte. Es war ein langer und auch schmerzhafter Prozess, mich zu öffnen und mich mutig auf die Beziehung einzulassen. Ich bin dankbar für die Menschen, die mich dies lehrten, und mir zeigten, dass nur dadurch eine heilsame Begegnung für alle möglich ist.

Es folgen Geschichten, die ich teilen will, in der Hoffnung, dass sie dem einen oder anderen helfen, Licht auf ihre Ansicht der nur dunklen Seite des Sterbens zu werfen und zu erkennen, dass Krankheit, Sterben und Tod ein wichtiger

Teil vom Leben sind, die vielleicht das größte Potenzial beinhalten, als Mensch zu wachsen. Hauptsächlich aber möchte ich die Menschen in Erinnerung behalten, von denen die Geschichten handeln.

Ich hoffe, das Ziel, mich verbunden zu fühlen, inspiriert so, dass ich der Angst vor dem eigenen Tod mit Liebe und Mitgefühl begegnen lerne. Denn dies ist der Schlüssel zu Liebe und Mitgefühl für jene Menschen, die mir erlauben, mit ihnen zu gehen. Vielleicht geht es der einen oder anderen Leserin ja auch so. Es ist der Mut, ein verletzlicher Mensch zu sein.

## 2. MARIA UND IHR EINZIGARTIGER ARM

Meine persönliche Geschichte mit der deutlichen Erkenntnis, dass ich Menschen pflege und nicht Patienten, begann auf der Intensivstation, wo ich als gut ausgebildete Hightech-Nurse arbeitete. Nun mag man denken, das sei die Hölle des absoluten Ausgeliefertseins. Das ist ein Teil der Wahrheit. Aber auch auf einer Intensivstation arbeiten Menschen, die das Potenzial haben, zu ihrer Menschlichkeit zu erwachen und aus diesem Herzen betreuen. Wenn Sie selbst oder ein Angehöriger einmal dort lagen, können Sie mit absoluter Sicherheit sagen, wer das war.

Ich glaube nicht, dass ich bis dahin unmenschlich war. Das sind die wenigstens, die in der Medizin arbeiten. Nur war ich eben, wie alle anderen Menschen auch, viel mit mir beschäftigt und damit, es gut und richtig zu machen. Ich glaubte wirklich, wenn ich mehr weiß, kann ich besser helfen. Ich hatte einfach noch nicht erkannt, dass das zwar richtig und sehr wichtig für die Sicherheit der Anvertrauten ist, aber in Bezug auf die gesamte Situation höchstens die halbe Wahrheit. Ich identifizierte mich mit meiner Rolle als Pflegefachfrau, sprich, ich definierte mich als Pflegefachfrau, so wie es mir beigebracht worden war.

Den Patienten und Patientinnen geht es nicht anders. Sie sehen sich selbst auch nicht als Mensch in der Beziehung mit einem Menschen an ihrem Krankenbett. Sie definieren sich als Kranke, die es gut machen wollen zu überleben, oder einen guten Tod zu sterben. Sie identifizieren sich mit ihrer Rolle als Patient oder Patientin. Dadurch entsteht die Beziehung Patient – Betreuende. Das ist ok. Und es gibt das Potenzial, darüber hinauszuwachsen zu der Beziehung Mensch – Mensch.

Maria, wie ich sie nun nennen möchte, war bestimmt 80 Jahre alt, als ich sie kennenlernte. Sie war an der Beatmungsmaschine und es war klar, sie würde auch nicht mehr davon wegkommen, sondern in absehbarer Zeit sterben. In dieser Zeit ist die Beziehung zur Pflegefachfrau zumindest äußerlich sehr intim, da wir alle Körperfunktionen überwachen, sie medikamentös oder maschinell unterstützen oder sogar übernehmen. Dazu gehören die Atmung, der Kreislauf, die Ausscheidung und die Körperpflege. Unsere Gedanken kreisen also unablässig darum, was der andere Körper braucht, so dass er am Leben gehalten wird und gepflegt ist.

Ich wusch Maria an diesem Morgen von Kopf bis Fuß, aufmerksam, auch in einem gewissen Sinn zärtlich, denn das ist das Schöne an der Pflege, die buchstäbliche Berührung eines anderen Menschen. Als ich Marias Arm in meinem hielt, um ihn zu waschen, blieb plötzlich die Zeit stehen. Ihre Haut war faltig, wie es alte Haut ist. Die schlaffen Muskeln ihres Armes ruhten weich auf meinem, als ich ihn hochhob. Mit einem Mal erkannte ich, dass ich einen einzigartigen Arm im Arm hielt. Ein Arm, den es so nie gegeben hatte, nie wieder geben würde und der das ganze, einzigartige Leben im Ausdruck eines Armes vereinte. Nie würde ich die Lebensgeschichte dieses Armes erfahren, außer durch diese Erfahrung, die ich jetzt machte, indem ich ihn mit aller Liebe, Anerkennung und Würde wusch. Durch diese Erfahrung und diese Anerkennung erfuhr und anerkannte ich die Unfassbarkeit und Größe des Lebens.

Nichts wusste ich über den Arm, der morgen sterben würde, aber es war der Arm eines Kindes, welches einst im Sand gespielt hatte; der Arm einer erwachsenen Frau, die ihren Mann liebkost und später ein oder mehrere Kinder an die Brust genommen hatte, um sie zu nähren; ein Arm, der hart gearbeitet hatte, um zu überleben, der sicherlich das ein oder andere Mal unabsichtlich verletzt worden war, was Wunden und Narben hinterließ; es war der Arm, durch den morgen kein Blut mehr fließen und der sich daher auflösen würde im Tod. Marias Lebensarm.

Wie angewurzelt stand ich da und erkannte, dass dieser Arm ein Wunder des Lebens war, schaute in Marias Gesicht und erkannte, dass sie ein Wunder des Lebens war und erkannte auch plötzlich, dass ich ein Wunder dieses Lebens bin. Wenn wir es zulassen können, dann darf ein Wunder dem anderen begegnen.

Das zu lernen, realisierte ich, wollte ich mich auf den Weg machen. So habe ich es gemacht und danke Maria, dass sie mich dafür aufgeweckt hat. Vielleicht ist ja auch sie an ihrer Beatmungsmaschine zum Gleichen erwacht. Mit Dankbarkeit und liebevoll denke ich noch heute an sie. Wie wenig wissen wir doch über das Leben und seine Wunder?

## 3. Das göttliche „Ja" und „Jetzt" in der Sterbebetreuung

Seit ich begann, Erlebnisse oder Begegnungen mit Menschen im Sterben aufzuzeichnen, frage ich mich: Warum? Warum will ich so über das Sterben und den Tod reden, auf diese Art, die ich nicht kenne, die mir Sorgen macht, ich könnte etwas preisgeben, was einmalig war und die auch meine eigene Verwundbarkeit an den Tag bringt?

Nächste Woche gehe ich zum fünften Mal nach Polen, um am fünftägigen internationalen, interreligiösen Retreat in Auschwitz teilzunehmen. Das ist jeweils eine Zeit, in der ich sehr dünnhäutig und dadurch auch sehr offen bin. Vielleicht ist es eine ähnliche Zeit, wenn ich nun „meine" Geschichten der Sterbebetreuung erzähle – eine Zeit des Nicht-Wissens, der Verletzlichkeit und dem Verlust einer künstlich erhaltenen Kontrolle. Daher handeln diese Erzählungen auch von dem, was mich das Bezeugen in Auschwitz und das Bezeugen in der Sterbebegleitung lehrt. Das erkannte ich, als ich heute in AschePerlen (S. 58ff) las, dass Rabbi Don Singer dem Dichter Peter Levit den geheimen Namen Gottes als „Ja" und „Jetzt" verriet. Das „Ja" und „Jetzt" ist, was ich mit den Sterbenden erlebe, wenn ich mit ihnen zusammen bin.

Die Zeit des Sterbens, die ich mit „Nicht-Wissen, Verletzlichkeit und Kontrollverlust" charakterisiere, macht auch mir primär Angst. Das ist gut und natürlich, denn nur die

Gene jener Vorfahren, die Angst hatten, überlebten. Der Rest wurde vom Tiger gefressen oder starb am Verzehr giftiger Pflanzen. Vielleicht sollte ich daher mit etwas mehr Respekt von meiner Angst reden, die mir ein Leben lang zum Überleben dient, und die mich meine ganz individuelle Überlebensstrategie und meinen Charakter entwickeln ließ. Das ist die eine Seite der Medaille „Leben". Diese Individualität will offenbar in der Bewusstwerdung meiner eigenen Vergänglichkeit gewürdigt werden. Ohne diese Akzeptanz gäbe es die andere Seite der Medaille nicht. Es blieben nur Überlebenstrieb und Angst.

Darüber hinaus gibt es aber eine Ahnung oder eine Erfahrung in mir, die über diese Individualität hinaus zur Unfassbarkeit des Seins geht. Mag man nun diese Erfahrung oder Ahnung als Gott bezeichnen oder als Leerheit, Einheit, Natur – das spielt dabei eine untergeordnete Rolle. Solange es aber nur ein Name bleibt, hat es für mein Leben keine Bedeutung. Rabbi Don gab mir den Hinweis mit der Preisgabe eines alten jüdischen Geheimnisses. Der Name Gottes ist „Ja" und „Jetzt".

Wirkliches „Ja" und „Jetzt" ist einmalig und sehr intim. Es hebt die Trennung zwischen mir und dir auf. Selten kann ich dies so direkt erfahren wie im Zusammensein mit den Menschen, die mir erlauben, die Zeit des Nicht-Wissens, der Verletzlichkeit und des Kontrollverlustes zu teilen. Dieses Zusammensein ist für mich intimer als Sex und darüber reden wir auch nicht, wenn er wirklich intim ist.

Das Wort „intim" löst sowohl im Gesundheitswesen als auch in der Psychologie und den Religionen sofort Empörung aus. Der Begriff wird assoziiert mit Missbrauch und Grenzüberschreitung. Das zeigt, dass wir Intimität instrumentalisiert haben – weshalb wir es wahrscheinlich nicht mehr wagen, uns auf Intimität einzulassen. So wie wir Sex haben können ohne intim zu sein, so geschieht dies manchmal auch in der Sterbebetreuung. Viele in der Sterbebetreuung Tätige benutzen ihre Patientinnen und Patienten, um sich in der Wissenschaft zu profilieren, durch neue Pharmaka Patienten an sich zu binden oder durch Freiwilligenarbeit das eigene Ego aufzupolieren, weil sie so das Gefühl kriegen, gebraucht zu werden. Darüber zu reden ist eigentlich ein Tabu. Tabus aber interessieren mich nicht. Was mich interessiert, ist die wirkliche Begegnung mit Sterbenden. Deshalb wage ich Intimität und benutze dieses Wort im Sinne von „Ja" und „Jetzt".

Ich möchte mit diesen Erzählungen die beiden Elemente des Lebens zum Ausdruck bringen, deren Potenziale im Sterben eigentlich am besten zu erkennen sind, wenn ich es wage, über den Verlust der Individualität hinauszugehen: Respekt, Mitgefühl und Liebe zum Erkennen der Individualität **und** Erkenntnis und Vertrauen ein wichtiger Teil der Einheit des Seins zu sein.

Dieses Potenzial ist kein einmaliges „Ja". Es ist die Aufrechterhaltung des Jas zu einer Beziehung, und sie erneuert das „Jetzt" in jedem Augenblick, weil jeder Augenblick neu ist.

Jenen, die mich dies lehrten, danke ich von Herzen! Diese Erzählungen sind meinen sterbenden und toten LehrerInnen gewidmet. Vielleicht kann die Ehrung ihrer Leben ein wenig „Ja" und „Jetzt" in die Leben anderer bringen und helfen, eine Sterbekultur zum Leben zu erwecken, wie wir sie für unser eigenes Sterben und die Menschheit wünschen.

## 4.  PETER, DER STREITHAHN

Falls immer noch irgendjemand die Vorstellung hat, Sterbebetreuung sei romantisch. – Falsch!

Bei der ersten professionellen Begegnung mit Peter saß ich mit ihm und seiner Frau im Wohnzimmer. Er im Lehnstuhl am Fenster des vierten Stocks, wir beiden Frauen entfernt voneinander auf verschiedenen Sofas. Peter war ein stattlicher Mann, der trotz seinem Gewichtverlust seine Schönheit bewahrt hatte. Er war Mitte 70, ein Geschäftsmann und gewohnt, zu führen und die Kontrolle zu haben. Entsprechend machte er keine langen Umschweife. Er wolle von mir eine Pille, an der er sterben könne, sagte er. Die wolle er auf dem Nachttisch haben, sodass er sich das Leben nehmen könne, wann es ihm passe. Das Gespräch ging eine Weile hin und her, weil das ungesetzlich ist und es darüber hinaus nicht meine Aufgabe ist, einen Suizid zu unterstützen. Ich hätte dazu auch gar nicht die Möglichkeit. Daraufhin stellte er mir den absolut härtesten Test, um festzustellen, ob ich vertrauenswürdig sei: Entweder ich würde ihm die Tabletten beschaffen, oder er würde sich mit seinem Luftgewehr erschießen und ich wäre dann schuld, sagte Peter.

Wie soll man da reagieren? Es war die pure Erpressung und es ging um Leben und Tod. Mir persönlich blieb die Spucke weg. In solchen Situationen verlasse ich mich komplett auf meine Intuition. Ich stellte ihn in den Senkel wie einen kleinen Bub und ließ meiner Empörung freien Lauf. Ich rief aus, was das für eine Ungeheuerlichkeit sei, seine Frau und Kinder zu bedrohen und mich zu erpressen. Als ich damit fertig war, ihm die Leviten zu lesen, war die Luft raus. Bei ihm und bei mir. Das war der Anfang einer wunderbaren Beziehung, bei der er wirklich wagte, endlich verletzlich zu sein. Wunderbarerweise hörte er nie auf zu zanken.

Jedes Mal, wenn ich zu Peter ging – das war anfangs wöchentlich – nahm ich mir vor, dass es diesmal ein kürzerer Besuch werden und ich „ganz normale" Symptomkontrolle und Gespräche führen würde. Ich glaube nicht, dass mir das auch nur ein einziges Mal gelang. Jedes Mal wenn ich den Deckel des Laptops zumachte, kam eine total provozierende Aussage oder Frage und dann ging's los.

Beim vierten oder fünften Mal war es wieder soweit, dass mir die Spucke wegblieb. Manchmal sage ich dann Sachen, da frage ich mich sofort, ob das gerade wirklich aus mir raus kam. Tatsächlich sagte ich zu diesem älteren und stattlichen Mann: „Darf ich mal einen Tipp abgeben? Sie hatten eine kaltherzige Mutter, die Sie nicht beachtete und der Sie konstant beweisen mussten, dass Sie okay sind? Aber es hat nie geklappt!" Ich hatte den Nagel auf den Kopf getroffen. Der Grund, warum ich es sah, war, dass ich das aus eigener Erfahrung kannte. Beides. Das Sich-Verstoßen-Fühlen und das Zanken.

Peter wollte nicht streiten, er wollte Reibung, um zu spüren, dass er lebte. Obwohl viel jünger als er, hatte ich dieses Kind in mir kennengelernt. Gelernt, seinen Schmerz und sein Bedürfnis nach Anerkennung als Mensch zu spüren. Vermutlich sind sich unsere Kinder begegnet und Peter wusste, dass er so sein durfte wie er war: bockig, intelligent, provozierend, kindlich verletzlich und erwachsen selbstbewusst. Immer wenn ich ging, gab er mir die Hand, drückte seinen Respekt und seine Dankbarkeit für die gemeinsame Zeit und die Diskussionen aus.

Peter änderte sich auch auf seinem Sterbebett nicht. Als er zu schwach war, seine Morphiumtropfen zu schlucken, fragte ich ihn, ob ich ihm einen Zugang legen dürfe, durch den auch seine Frau das Morphium spritzen könne. Mit letzter Kraft zankte er mit mir darüber, dass es auch ohne ginge. Da hatte er mich wieder am Wickel und in die Ecke getrieben, also an den Punkt, wo nichts mehr hilft, außer die Wirklichkeit zu akzeptieren. Ich atmete tief durch und sagte zu ihm: „Also gut, Peter, das ist das letzte Mal, dass wir zanken und ich frage dich zum letzten Mal, ob ich diesen Zugang legen soll oder nicht." Da sagte er ganz klar und einfach „Ja" und das Thema war beendet. Es war leider wirklich das letzte Mal, dass wir zankten.

Ein paar Stunden später starb er. Ich kleidete ihn mit seiner Frau an. Er sah auf seinem Totenbett wunderschön aus und alle Enkel konnten sich von ihm verabschieden.

Zu seiner Frau habe ich heute noch Kontakt. Noch immer schütteln wir den Kopf über die Zankgespräche und erfreuen uns lächelnd an der Erinnerung daran.

## 5. SOPHIA UND DIE WEISHEIT DER VERGÄNGLICHKEIT

Ich sage immer: Eine Diagnose, die zum Tod führt, bekommt man zweimal. Das erste Mal ist die Feststellung der Erkrankung. Von diesem Zeitpunkt an wird man in die Maschinerie des Gesundheitswesens hineingezogen und nur wenige können im Schock der Diagnose wirklich herausfinden, was sie denn eigentlich für sich wollen. Also wollen sie zuerst einmal alles, und so wird der Fokus auf das Machbare und das mögliche Heilen der Erkrankung gelegt.

Ich persönlich habe Angst vor dieser Entwicklung. Im Moment erscheint es mir, als ob die Spitzenmediziner in einem Krieg um machbare Menschenversuche lägen. Von Nano-Knifes bis Immuntherapien darf zurzeit jeder einmal ausprobieren, was noch machbar ist, auch wenn keine Studienresultate vorliegen oder man in der Methode spezialisiert ausgebildet wäre. Wer dazu eine kritische Stimme erhebt, wird kurzerhand als Verfechter einer Zweiklassengesellschaft abgestempelt und Politikern wird Sparen am falschen Ende vorgeworfen.

Ein Mensch im Krebsdiagnose-Schock wird zu so ziemlich allem „Ja" sagen. Patienten sind in dieser Phase auf ihre Spezialisten angewiesen und haben Angst, eine Therapie abzulehnen, weil sie erstens nicht wissen, was das bedeutet und zweitens Angst haben, fallen gelassen zu werden (was leider oft genug tatsächlich geschieht, weil man dann die Versuchsreihe zum Negativen verschiebt und sich damit in der Medizinwelt keine Lorbeeren verdienen lassen).

Nach dieser ersten Phase kommt entweder ein Stillstand der Erkrankung und der Heilung, oder es kommt wie gesagt die zweite Diagnose, die lautet: Es ist keine Heilung mehr möglich. Manchmal kommt dies auch erst nach Jahren. Sprich: Dann ist man „palliativ". Das heißt aber noch lange nicht, dass man dann von Spezialärzten an Palliativmediziner verwiesen wird oder mit diesen zusammenarbeitet. Es bleibt zu hoffen, dass immer mehr Menschen verstehen, was palliativ bedeutet.

Auf den Schock der zweiten Diagnose, der Unheilbarkeit, reagieren viele Patienten mit der Angst, dass sie sofort alleingelassen werden und sterben, wenn sie die Therapie absetzen. Es scheint nicht viele Ärzte zu geben, die sie darüber aufklären, dass das nicht so ist, dass sie weiterhin für sie da sind und die ihren Patientinnen sagen, an wen sie sich zusätzlich wenden können. Stattdessen wird bis zum bitteren Ende weitertherapiert, weil das zwar teurer ist, aber immer noch einfacher als das ehrliche Gespräch mit einem Menschen zu suchen und sich und ihm einzugestehen, dass man den Kampf gegen den Krebs verloren hat (als ob das die Schuld der Ärzte wäre).

Es scheint aber eine neue Generation von Patienten heranzuwachsen, die nicht mehr alles mit sich machen lässt. Immer öfter rufen uns Menschen und auch Hausärzte an, weil die Betroffenen Lebensqualität der Lebensquantität vorziehen. Ein solcher Fall war Sophia.

Sophia war in meinem Alter, also ungefähr fünfzig Jahre alt. Sie war vor etwa drei Jahren an Krebs des Kiefers diagnostiziert worden, welcher so gut operiert wurde, dass man nichts sah, wenn man es nicht wusste. Sie war hübsch, in ihrem Leben viel gereist und liebte das Leben. Als ein Tochtergeschwür entdeckt und ihr die Option einer palliativen Chemotherapie plus Operation zur Lebensverlängerung angeboten wurde, sagte sie schlicht „Nein". Sie wurde Mitglied der Sterbehilfeorganisation „Exit" und rief bei uns an. Dies bescherte mir fast vier Monate das, was ich Wachstum im Sterbeprozess nenne.

Oft saßen wir an ihrem Esszimmertisch und behandelten erst mal die Symptome, die da waren oder die wir verhindern wollten, was ganz gut ging. Wie viele, die den Entschluss treffen, aufzuhören, kam auch sie in eine wirklich stabile, gute Phase. Ich frage mich oft, ob dies wirklich mit der Chemo zu tun hat oder vielleicht einfach mit der klaren Entscheidung, das Leben in die eigene Hand zu nehmen. Sie konnte wieder mit ihrem Partner Ausflüge machen und genoss auch die Zeit der Ruhe und des Nachdenkens.

Irgendwann hatte ich das Gefühl, dass da etwas viel Tieferes bei ihr abging und sie sich nicht traute, darüber zu reden. Ich traue mich dann auch nicht immer so richtig, aber zu ihr hatte ich einen wirklich guten Draht und ich fragte sie, ob sie Phasen tiefen Glücks und Ruhe erlebe. Sie konnte das mehr als bejahen, meinte auch, es wäre sehr komisch darüber zu reden, denn schließlich sei sie ja unheilbar krank. Also redeten wir über ihre Dankbarkeit für das Leben, für das Erleben des Getragen-Seins, über das Erkennen der Einzigartigkeit dessen, was man wahrnimmt und das Schöne an solch tiefen Gesprächen. Dem konnte ich beipflichten. Obwohl in viele spirituelle Kreise involviert, muss ich immer wieder feststellen, dass die Tiefe des Lebens, die auch ich suche, in der direkten Konfrontation mit der Vergänglichkeit am stärksten zutage tritt. Diese Tiefe mit jemandem wie Sophia teilen zu dürfen, geschieht auch mir nicht oft. Es war ein Juwel.

Sophia ließ nie von ihrer Alternative, mit Exit zu sterben ab und wir redeten offen drüber. Ihre Symptome nahmen zu und sie hatte oft Zweifel, ob sie den richtigen Zeitpunkt erkennen oder verpassen würde. Ich weiß ja nicht so genau, was das bedeutet, aber ich verstand ihre Zweifel. Ich versuchte sie darin zu bestärken, darauf zu bauen, dass es noch nicht der richtige Zeitpunkt sei, solange sie zweifle. Wenn es soweit wäre und sie wirklich mit Exit gehen wolle, dann wäre sie sich sicher.

Es geschah an einem Montag. Ich hatte frei. Nur zufällig fand ich mittags ihre Nachricht auf dem Geschäftshandy, dass ich recht gehabt hätte. Ihre Symptome machen nun Angst in einem Ausmaß, dass sie keine Lebensqualität mehr sehe. Sie sei jetzt sicher und wolle sich bei mir bedanken und sich verabschieden. Ich las die Email genau in dem Augenblick, als sie sanft in den Armen ihres Partners starb. Das war im ersten Augenblick ein kleiner Schock. Ich hätte ihr so gerne persönlich eine gute Reise gewünscht. Auch da war ich traurig und dankbar über die Kostbarkeit dieser Begegnung.

## 6. DIE LISTE VON ROLF

Ähnlich wie bei Sophia ging es mit Rolf; nur war er ganz anders. Als Rolf jung war, hatte er schon eine lebensgefährliche Erkrankung gehabt und deshalb viel nachgedacht. Er war ein Genießer, was seine Frau dazu ermunterte, ihm buchstäblich jeden Wunsch von den Lippen abzulesen. Die beiden liebten einander sehr. Nachdem Rolf die erste Erkrankung überlebt hatte, wurde er für seine zwei Söhne zu einer Art Kumpel, weil er erkannte, dass er das autoritäre Erziehungssystem seiner eigenen Kindheit nicht weitergeben wollte. Allein dafür habe ich ihn ja schon geliebt.

Auch Rolf stellte irgendwann fest, dass er von der Chemotherapie mehr Nebenwirkung als Lebensqualität erhielt, und dass nun deshalb Schluss sein sollte. Da er und seine Gisela so viel Freude auf die Onkologie-Abteilung brachten, ließ man sie nur ungern gehen, aber der Kontakt blieb aufrechterhalten und Gisela lieferte auch weiterhin ihre beliebten Kuchen ab. Gisela schenkt Freude durch Essen, für Rolf das Entrecote, für mich das beste „Gipfeli" (Schweizer Hörnchen) vor Ort.

Rolf schenkte Freude durch Fragen. Nichts hielt ihn davon ab, die tiefsten Dinge des Seins zu hinterfragen. Das ist mit einer Krebsdiagnose wirklich ein Zeichen von großem Mut. Nachdem Rolf gestorben war, erzählte mir Gisela, dass er immer auf unsere Termine hingefiebert hatte. Er habe sich

Listen mit Fragen gemacht. Er muss sie auswendig gelernt haben, ein Papier hatte er zumindest nie in der Hand.

Ich fühlte mich durch die Fragen von Rolf nie unter dem Druck, ihm Antworten liefern zu müssen. Rolf wollte mit jemandem einen Dialog führen, der sich ebenfalls mit ganz existentiellen Fragen auseinandergesetzt hatte und wollte die Gelegenheit nutzen, tiefer zu gehen. So erforschten wir Glaubenssätze aller Religionen; Fragen darüber, wie man mit Angst und Nichtwissen umgeht, was das Leben sowieso und überhaupt ist und was wir darin für eine Rolle spielen. Es sind die Fragen, die Menschen umtreiben, seit sie denken können. In der Auseinandersetzung mit der Vergänglichkeit werden sie dringlich und es ist schön, wenn man sie zusammen erörtern kann.

Und weil Rolf wirklich bis in die Tiefe wissen wollte, gab ich ihm die Hausaufgabe, ein Abschiedsgedicht ans Leben zu schreiben.

In einer japanischen Tradition ist das ein Vierzeiler, in der man mit jeder Zeile etwas Bestimmtes ausdrückt.

1. Das Alter
2. Was man aus seinem Leben gemacht hat
3. Wie man dem Tod begegnet
4. Was man im Leben gelernt hat

Das ist professionell gesprochen eine Art Biographie-Arbeit. Nur ist sie sehr dynamisch positiv ausgelegt, während wir im Westen oft auf die Fragen eingehen, ob es etwas gibt, was wir bereuen, um Verzeihung bitten möchten oder was wir erreicht haben. Hier im Westen sind wir manchmal schon sehr defizitorientiert. Bei dem japanischen Sterbege-dicht geht es um mich als Mensch und um meinen Platz in der Gesamtperspektive des Lebens. Rolf nahm das sehr ernst. Leider war es schon relativ spät in der Krankenge-schichte und er konnte das Gedicht nicht mehr fertigstel-len. Aber wir konnten noch viel darüber reden.

Bei unseren Gesprächen saß seine Frau oft daneben und hörte einfach still zu. Das, obwohl Gisela wirklich ein sehr redseliger und geselliger Typ ist. Später sagte sie mir, sie glaube, das mit der Trauer bekomme sie so gut auf die Reihe, weil sie durch diese Gespräche so viel gelernt habe. Sie hat aber auch wirklich alles gegeben, um ihren Rolf glücklich zu machen und ihn so lange es ging zu Hause zu behalten. Die zwei haben es tatsächlich noch geschafft, nach Innsbruck zu fahren (allerdings weder in einem Jaguar noch in einem Rover. – Sie hatten sehr unterschiedliche Lieblingsautos) und unterm Roten Dacherl Kaffee zu trin-ken. Hut ab vor diesem Ehepaar und der Familie. Solche Begegnungen sind für mich immer wieder Zeichen, die mich davon überzeugen, dass der Mensch besser ist als sein Ruf.

Rolf hatte einen unglaublichen Humor. Der Zugang, den man legt, um das Morphin spritzen zu können, wenn je-mand nicht mehr schlucken kann, nennt sich „Butterfly" (Schmetterling). Als ich ihn bei ihm legen musste, kratzte er übers Pflaster und sagte: „Ich glaube, du hast das mit einer Raupe verwechselt. Die kitzelt." Wenn ich an Rolf denke, muss ich heute noch oft lachen. Trauer hat auch ein lachendes Gesicht.

Weil er das Abschiedsgedicht ans Leben nicht fertig schreiben konnte, schrieb ich ihm ein Totengedicht (auch ein bestimmtes Versmaß) für ihn. Diese Gedichte schreibe ich manchmal, wenn ich eine Gedenkfeier für jemanden mache, um ihm oder ihr eine gute Reise zu wünschen. Ich schrieb es auch in die Trauerkarte an die Familie:

*Ein Range-Rover und ein Jaguar*
*Durchquerten die Berge und Täler dieses Lebens.*
*Der Motor des einen hat nun abgestellt,*
*Sein Geist fährt als Sozius im anderen weiter.*

*Fürsorglicher, freudvoller und großer Geist,*
*wusstest, dass der Dunkelheit das Licht folgt,*
*dem Tunnel die Weite.*
*Tapfer schrittest du dem Loslassen entgegen.*
*Dunkel ist auch für uns*
*Den Tunnel der Traurigkeit zu durchschreiten,*
*Lichte Weite die Zeit der Erinnerung mit dir,*
*Dein Humor, Deine Tiefe, Dein Mut.*
*Danke für die Zeit, die wir teilen durften.*
*Iiiiiiiiiiiiiiiiiiiiiiiiiiiiii*
*Das Leben schreibt unser Sterbegedicht*

## 7. Unlösbare Fragen haben

Eine der Auswirkungen der Entwicklung zum Mut, verletzlich zu sein, ist, dass man es wagt, unbeantwortbare Fragen zu stellen. Unlösbare Fragen zu stellen, ist unserem existentiellen Bedürfnis nach Sicherheit entgegengesetzt und daher braucht es dazu Mut. Es ist der Mut zuzugeben, dass wir nicht allwissend sind, keine absolute Sicherheit erzielen können und auf andere angewiesen sind.

Wie ich schon von Rolf erzählt habe, machte er Listen. Diese Listen suchten zwar nach Antworten, aber im Augenblick, als er sie schrieb, konkretisierten sich seine unbeantworteten Fragen ans Leben. Da Sterbende nichts mehr zu verlieren haben, scheinen sie manchmal einfach das zu tun, wofür Zen Praktizierende sich jahrzehntelang auf Meditationskissen rumplagen. Sie fragen sich: „Wer bin ich und was mache ich hier?"

Rilke sprach in seinem Brief an einen jungen Dichter diese Fragen an: „(...) und ich möchte Sie, so gut ich es kann bitten, Geduld zu haben gegen alles Ungelöste in Ihrem Herzen und zu versuchen, die Fragen selbst lieb zu haben, wie verschlossene Stuben und wie Bücher, die in einer fremden Sprache geschrieben sind. Forschen Sie jetzt nicht nach den Antworten, die Ihnen nicht gegeben werden können, weil Sie sie jetzt nicht leben könnten. Und es handelt sich darum, alles zu leben. Leben Sie jetzt die Fragen. Vielleicht leben Sie dann allmählich, ohne es zu merken, eines fernen Tages in die Antworten hinein."

Rolf hatte sich diese Fragen stets im eigenen Kämmerlein gefragt, im Internet nach Antworten gesucht und ansonsten eher in einem Umfeld gelebt, in dem solcherlei Fragen nicht typisch sind. Mit seiner Krebsdiagnose wuchs er in Antworten hinein. Als ich seinen Weg kreuzte, packte er die Gelegenheit beim Schopf und wir hatten nebst der Symptomkontrolle eine wirklich reiche Zeit der gegenseitigen Begleitung als Menschen.

Franziska hingegen, von der ich als nächstes erzählen will, wuchs schon früh in die Kontemplation hinein, da es Teil ihres familiären Hintergrunds und ihres Lebensweges war. Kontemplation ist nichts anderes als ein Hin- und Herwiegen von Aussagen und Gegenaussagen, das Erörtern verschiedener Blickwinkel und Möglichkeiten und das Loslassen fixer Antworten. Am Beginn der Kontemplation steht oft also eine Behauptung oder eine Antwort, die jemand fand oder eine unbeantwortbare Frage. Franziskas einzigartige Geschichte kann verdeutlichen, wie tief so etwas gehen kann.

## 8. FRANZISKA ODER „EIN JEGLICHES ZU MEINER ZEIT"

Wir lernten und nachts um 1:30 Uhr im Krankenhaus kennen. Auf der ersten Schichtrunde schlief sie. Als ich zur zweiten reinkam, kam sie aus der Toilette. Sie fragte mich unumwunden: „Können Sie mir bitte sagen, ob ich noch lebe? Ich bin mir nämlich nicht sicher." Es gibt vermutlich **nichts**, womit man mich schneller angeln kann, als mit der Frage nach dem Selbst. Klar war mein erster Impuls zu sagen, dass sie sich sicher sein könne, dass sie noch lebe. Aber eine Intuition sagte mir, dass sie die Frage verdammt ernst meinte, und dass ich die Antwort genauso wenig weiß wie sie.

Ab wann beginnt Sterben? Ab wann ist jemand tot?

Johannes von Kreuz bezeichnet die Erfahrung dieser Frage als die dunkle Nacht der Seele und noch tiefer, die dunkle Nacht des Geistes. Es sind tiefe spirituelle Erfahrungen der Infragestellung dessen, wer wir glauben zu sein. Das ist ein Sterben des Ichs, so wie wir es kennen. Franziska fragte mich dies aus der Tiefe dieser Erfahrung, sie fragte nicht ängstlich oder schüchtern. Sie fragte ganz selbstverständlich und wollte eine Antwort. So antwortete ich: „Aus der Perspektive des rationalen, menschlichen Verstandes beantwortet und dem, wie wir medizinisch Leben definieren, leben Sie noch. Haben Sie den Eindruck, Sie sind schon gestorben?"

Wir redeten bis 3:30 Uhr darüber, wie das ist, wenn man nicht mehr diejenige ist, die man als „Ich" definiert hat. Franziska hatte 40 Kilogramm ihres körperlichen Selbst verloren, sie war ein lebendes Skelett von 30 Kilo bei 180 cm Körpergröße. Sie konnte keine Bücher mehr lesen, keine Vorträge mehr halten oder sich auf sie konzentrieren und konnte nicht mehr in ihrer wohlhabenden Umgebung leben. Sie konnte kaum noch selber zur Toilette gehen und war für die Körperpflege auf uns angewiesen. Nichts mehr erinnerte an die Frau, die sie drei Jahre zuvor gewesen war. „Können Sie mir bitte sagen, ob ich noch lebe? Ich bin mir nämlich nicht sicher." Je nach Perspektive, die ich einnahm, wusste ich es auch nicht. Eine kategorische Antwort wäre damit bruchstückhaft oder sogar falsch gewesen.

Sie weigerte sich, mir zu sagen was sie für einen Hintergrund habe. „Dann stecken sie mich in eine Schublade und da passe ich nicht rein." Stimmte.

Sie war müde am nächsten Tag, was mir echt leid tat. Aber ich hatte selten so ein tiefes, freudiges Gespräch mit jemandem und werde das nie vergessen.

Ich kenne niemanden, der sich so lange Zeit mit dem Sterben gelassen hat. Zumindest nicht so wie Franziska. Sie erinnerte mich an Statuen des Buddhas während seiner Fastenaskese, nach der er behauptete, er habe seine Rückenwirbel durch den Bauch gesehen. So dünn war auch sie. Buchstäblich Haut und Knochen. Einmal fiel sie nachts aus dem Bett. Danach redete sie nicht mehr, lag nur noch da, schien irgendwie vor sich hin zu lächeln. Antwortete auf Fragen mit Nicken oder Kopfschütteln und schien geistig klar zu sein. Wir ließen sie, bohrten nicht. Ich zumindest nicht, ich stehe auf Autonomie und zwar radikal.

Nun mag sich das alles wahnsinnig romantisch anhören, aber das war es nicht für Franziskas Ehemann und die Kinder. Als sich nach zwei bis drei Wochen an dem Zustand gar nichts änderte, weder in Richtung Leben noch in Richtung Sterben, kam ihr Mann recht geknickt zur Tür rein und fragte mich, was ich denke, warum sie nicht loslassen könne. Das ist eine kritische Frage. Erstens, woher soll ich es wissen? Zweitens glaube ich nicht unbedingt daran, dass es so einfach ist und man sozusagen unter Kontrolle hat, wann man stirbt, nämlich dann, wenn man loslassen kann.

Mit Franziska hatte ich so ein seltsames Gefühl und so sagte ich zu ihrem Mann, er solle mal mitkommen. Wir gingen in ihr Zimmer und ich stellte mich an das Fußende ihres Bettes und sagte: „Darf ich Sie mal was fragen?" Sie nickte. „Kann es sein, dass Sie in Ihrem Zustand tiefste Freude empfinden, wenn nicht sogar Ekstase?" Ich habe eigentlich keine Ahnung, wie ich darauf gekommen bin, aber vermutlich wusste ich es intuitiv und der Wunsch, ihrem Mann zu helfen, ließ mich die Grenze überschreiten, etwas so Intimes zu fragen. Sie fing an zu strahlen und nickte wieder.

Dann wollte sie plötzlich aufstehen. Nachdem man so lange im Sterben gelegen hat und wirklich nichts mehr wiegt, was über Haut und Knochen hinausgeht, ist das nicht so einfach. Da ich auch keine Ahnung hatte, was sie plötzlich für eine Aktivität an den Tag legen wollte, half ich ihr einfach beim Aufstehen. Als sie stand, wollte sie bloß ein letztes Mal ihren Mann in den Arm nehmen, ihm danken und ihn lieben. Dann legte sie sich wieder hin und die Szene war beendet.

Es ging noch eine Weile, bis sie starb. Als der Ehemann und die Kinder kamen, sagte er zu mir: „Sie hatte immer einen Merkspruch auf ihrem Schreibtisch. Er lautete: „Ein jegliches zu meiner Zeit". Ja, Franziska starb zu ihrer Zeit und das ließ sie sich von niemandem nehmen.

## 9. MICHAEL ODER NUR NOCH EIN PAAR TAGE LIEBEN

Michaels Geschichte hat nichts mit meinem professionellen Dasein als Pflegefachfrau zu tun. Genaugenommen durfte ich ihn eigentlich gar nicht begleiten, außer im Hintergrund. Doch offenbar reichte das, dass ich ihn doch noch auf seinem Sterbebett besuchen durfte.

Michaels Jugend war geprägt von der ihm aufgezwungenen Frage: Wer bin ich? Er wurde in Krakau 1921 als Jude geboren und überlebte den Holocaust als Gefangener des Krakauer Ghettos und des Konzentrationslagers Plazow dank Schindlers Liste.

Während ich dies schreibe, sitze ich in Krakau in einem Hotel. Gerade haben wir das 20. Auschwitz Bearing Witness Retreat abgeschlossen, welches für mich im Krakauer Judenviertel, dem Ghetto und dem Konzentrationslager Plazow begann. Alles Orte, die Michael auf seinem Leidensweg unter Hitler im Alter von 17 Jahren durchlief. Er überlebte, ging zurück nach Polen und landete unbeabsichtigt am Ende seines Lebens in Deutschland und in der guten Obhut einer Freundin von mir. Sie schrieb ein Buch über seinen Leidensweg, seine Liebe zur Musik und seine Freundschaft mit einer 17-jährigen Deutschen. Angela nannte das Buch: „Spiel mir das Lied vom Leben".

Michael lebte unter einem Pseudonym, weil er von Neonazis bedroht wurde, als er seine Geschichte erzählte. Durch

Angela hörte ich von ihm und wollte ihn schon nach meinem ersten Auschwitz Retreat kennenlernen, aber er versagte mir die Ehre. Trotz allem las ich in Auschwitz das Kaddisch, das traditionelle Totengebet der Juden am Teich der Aschen für seine Mutter, die dort umgebracht worden war. Michael genehmigte mir ein Stück Stoff für meine buddhistische Robe und so blieben wir über Jahre durch Angela im indirekten Kontakt.

Michael starb 2012 in Köln auf der Palliativstation an Krebs. Als er auf die Palliativstation kam und Angela mir das schrieb, bat ich sie, ihn nochmals zu fragen, ob ich ihn kennenlernen dürfte und fuhr die 700 Kilometer nach Köln.

An dem Tag, an dem ich eintraf, ging es ihm schlecht.

Tags zuvor hatte Angela es endlich geschafft, ihn davon zu überzeugen, dass er mit Janina über das Sterben sprach, um Vorkehrungen für sie zu treffen. Es hatte ihm das Herz gebrochen. Michael hatte Janina kurz nach dem Krieg in Polen geheiratet. Wie für viele Sterbende, gingen auch Michaels Sorgen in Richtung der Menschen, die sie zurücklassen. Janina war die Liebe seines Lebens. Michael war die Liebe des Lebens für Janina.

Ein Mensch, der schon in seiner Jugend ums Überleben kämpfen muss UND der jüdischen Kultur entsprechend Leben als höchstes Gut betrachtet UND der noch so sehr an seiner Frau hängt, der kann nicht einfach loslassen. Wobei ich wie gesagt in Zweifel ziehe, dass man das überhaupt auf Knopfdruck im Griff haben kann. Es war klar, dass Michael nur noch wenige Tage zu leben hatte, trotzdem lernte ich ihn an der Dialyse kennen, unfähig sich zu bewegen, mit seinen Hautgeschwüren, und den einen Arm zum Schutz völlig gepolstert. Er sagte: „Es geht mir nicht gut." Ich sagte: „Das ist okay." Warum auch immer, hatte ich ihm drei Schokostängel aus der Schweiz mitgebracht. Darüber freute er sich erstaunlicherweise. Wie ich später erfuhr, weil Janina sie liebte und er sie ihr schenken konnte. Ich setzte mich und blieb sitzen. Er schielte manchmal zu mir rüber. Ich half der Pflegefachfrau, ihn auf den Nachttopf zu setzen und er war froh, weil ich ihn entsprechend seiner Krankheit sorgsam anfasste, womit die Dialyseschwestern etwas überfordert waren. Ich war einfach berührt, dass er es zuließ.

Zurück in seinem Zimmer verschwand Angela, dafür war ich dann mit ihm, Janina und einer 15-jährigen Pflegetochter von Angela alleine. Wir zwei auf dem Sofa, Janina mit ihrem mittelschweren Alzheimer genauso ruhig auf ihn bezogen neben seinem Bett, wie ich zuvor.

Irgendwann stand ich einfach auf, ging zu beiden rüber und verband sie dadurch, dass ich je eine meiner Hände auf jeweils eine Hand von ihnen legte.

Obwohl er seine Augen geschlossen hatte, war ich mir darüber im Klaren, dass Michael total wach war. Ich redete mit Janina über ihre Trauer, ihn zu verlieren. Ich fragte sie nach ein paar Sätzen, was sie denn vom Leben möchte und sie sagte: „Mehr Zeit mit Michael." Herzklopfen auf meiner Seite, wo mich dieses Gespräch hinführt und ob es das nicht noch schwerer für Michael macht. Aber Flüchten ging schon nicht mehr, da es keine Ausflüchte mehr gab. Also fragte ich ihn, was er denn noch vom Leben wolle und er antwortete schlicht: „Dasselbe." Mir entfuhr ein: „Damit seid ihr euch ja einig" und dann war alles gesagt. Nie zuvor durfte ich einer solchen Liebeserklärung beiwohnen. Ich blieb noch kurz zwischen ihnen knien und ging dann zum Sofa zurück, wo ich mich wieder schweigend zu Laura setzte. Im Raum lag eine unglaublich gelassene, intime, traurige Ruhe. Laura und ich durften eine große Liebe bezeugen. Es war eine Ehre.

Michael starb drei Tage später. Er wollte an ein paar Menschen die wenigen Dinge verteilen, die er hatte und von denen er wusste, sie werden wertgeschätzt. Ich erbte seinen Mesusa, was ich beinahe nicht fassen konnte und welcher nun den Türpfosten meines Meditationsraumes beehrt. Ein Mesusa ist ein Behälter, der am Eingangstor eines jüdischen Haushaltes angebracht wird und der zum Schutz beitragen soll. Im Inneren des Mesusa befindet sich ein von einem Rabbiner handschriftlich geschriebener Schmah Israel, welches das Sterbegebet ist, das die Juden im Augenblick des Todes zu sprechen versuchen.

Hier in Krakau hat dieses Geschenk von Michael nochmals eine ganz andere Kraft. Mit tiefer Dankbarkeit für die wenigen, aber umso tieferen Augenblicke, die ich mit Michael und Janina teilen durfte, küsse ich den Mesusa noch oft, wenn ich meinen Meditationsraum betrete.

## 10. Des Ichs beraubt

Opfer des Holocausts wurden allem beraubt, was sie zu sein glaubten, ihrem Status, ihres Besitzes, ihrer Familien, ihrer Haare und am Ende selbst ihrer Namen. Doch wenn wir als Außenstehende nach diesem Raub das Bild eines minderwertigen Menschen sehen, dann haben die Nazis gewonnen.

Ich weiß, diese Aussage ist primär provokativ und schwierig nachzuvollziehen. Ich selber brauchte 20 Jahre kontemplative Übungen und fünf Auschwitz-Retreats, bis mir ein Licht aufging. Die Nazis haben deshalb gewonnen, weil wir ein minderwertiges, defizitäres Gegenüber sehen, von dem wir abgetrennt sind und mit dem wir auf keinen Fall tauschen möchten. Können wir den ausgemergelten Gefangenen, der zur Gaskammer marschiert, als hundertprozentigen Mensch erkennen? Können wir das hundertprozentige Menschsein einer Syrerin am Grenzzaun erkennen? Wenn ja, warum wollen wir sie dann nicht reinlassen? Wir sehen primär, dass jemand entwürdigt wurde, wir sehen nicht seine Würde. Aber die Würde des Menschen ist unantastbar.

Ein Mensch mit Krebs in der Endphase fühlt sich vielleicht auch entwürdigt, defizitär, nicht dazugehörend. Wir mögen schnell sagen, das stimmt nicht, aber würden wir mit ihr oder ihm tauschen? Und wenn nein, wovor haben wir Angst? Was passiert, wenn wir uns der Angst stellen und ihr dadurch die Möglichkeit geben, sich in Mitgefühl zu verwandeln?

Eine besondere Form der Ich-Beraubung stellen für mich immer wieder die Hirntumore dar. Nie lässt sich einer von ihnen in der Auswirkung auf die Persönlichkeit des Menschen vorhersagen. Oft betreuen wir die Angehörigen mehr als die Patienten selber. In vielen Fällen wachsen die PartnerInnen und Kinder in der Betreuung über sich selbst hinaus und sie tun Dinge, die sie sich nicht zugetraut hätten, und die sich heilsam auf ihre Beziehung auswirken.

Ich möchte die Geschichten von drei Paaren erzählen. Es sind Geschichten, in denen ein Teil der Beziehung sein Ich verlor (interessanterweise sind es in allen Geschichten die Männer) und die Frauen plötzlich vor der Tatsache standen, dass sie mit jemandem verheiratet waren, den sie nicht kannten oder doch, aber anders. Mit jemandem, der seines bekannten Ichs beraubt war.

## 11. WALTER UND IRINA, ZUFRIEDENHEIT UND ACHTERBAHN

Die Hochzeitsbilder von Walter und Irina zeigen ein wunderschönes Paar. Irina zeigte sie mir, als ihr Mann verstorben war. Es lag so viel Zukunft in ihren Gesichtern, so viel Freude auf das gemeinsame Leben. Der Sohn, der aus der Ehe hervorkam, sieht heute dem Vater jener Zeit verblüffend ähnlich, als ob die Zeit sich wiederholte. Als der Vater erkrankte, war der Sohn frisch verheiratet und seine Frau schwanger.

Irina heiratete aber nicht nur Walter, sondern auch seine Leidenschaft für seine Arbeit. Schwierig, aber oft sehen wir vor allem in der Kriegs- und Nachkriegsgeneration die Konstellation, dass der Mann sich an erster Stelle über seine Arbeit identifiziert und darin Sinn findet und die Frau über die Ehe und die Kinder. So war es bei Maurers auch. Irina blieb nichts anderes übrig, als sich damit zu arrangieren, dass sie ihren Mann nicht viel zu Gesicht bekam und zu hoffen, sie bekäme ihn für sich, wenn er pensioniert wäre. Aber genau dann kam die Diagnose des Hirntumors.

Irina war überfordert mit der Situation nach der Diagnose, was nicht verwunderlich ist. Sie holte uns erst, als sie mit der körperlichen Versorgung ihres Mannes nicht mehr alleine zurechtkam. Wenn ein vertrauter Mensch sich so verändert, kommt oft Scham dazu und man „versteckt sich". Hinter der Scham steckt ein Vergleichen zwischen dem, wie ein Mensch war und dem, wie er jetzt ist. Diese Veränderung ist für Angehörige unheimlich, verunsichernd und sie wissen oft nicht, wie damit umgehen.

Die Betroffenen scheint es je nachdem, wo der Tumor im Gehirn sitzt, weniger zu stören. Da die Erinnerung oftmals schlechter wird, leben sie gezwungenermaßen im Jetzt und kennen kein anderes „Ich" als das jetzige. Manchmal scheinen die Betroffenen ihr Gedächtnis für das, wie sie waren, im Verlauf der Erkrankung zu verlieren oder sich anders darauf zu beziehen als wir „Gesunden". Als ich Walter kennenlernte, hatte ich keinen Vergleich und ich fand einen unglaublich zufriedenen und geduldigen Menschen vor.

Bei meinen ersten paar Besuchen konnte er noch kurze Sätze formulieren und geschlossene Fragen mit „ja" und „nein" beantworten. Eine Halbseitenlähmung nahm stetig zu. Geistesklar war er bis kurz vor dem Tod. Er war sich vollkommen bewusst darüber, dass er an diesem Tumor sterben würde, und nichts, aber auch gar nichts, lehnte sich dagegen auf.

Oft, sagt man, der Hirntumor verstärkt die Tendenzen, die wir in unserem Leben gelebt oder unterdrückt haben. Damit meinen wir aber in der Regel Aggressionen und Triebverhalten. Noch nie habe ich es gesehen, dass ein Hirntumor dasselbe mit einer positiven Energie anstellen kann. Walter war schlicht immer zufrieden und ausgeglichen, selbst als er die Kontrolle über seine Körperfunktionen verlor. Er stellte mein Schubladendenken auf den Kopf.

Die arme Irina aber wurde durch eine Achterbahn der Gefühle geschleudert. Sie war wütend, dass ihr nun die gemeinsamen Jahre geraubt wurden, dass er sich ein Leben lang um die Arbeit gekümmert hatte. Nun, da sie ihr Leben damit arrangiert hatte, wurde sie plötzlich seine Versorgerin – 24 Stunden am Tag, sieben Tage die Woche. Sobald sie es aber wagte, sich ihre Wut einzugestehen, schämte sie sich dafür, weil sie ja froh sein konnte, gesund zu sein und er so zufrieden war, obwohl er krank war. Sie wusste nicht, ob es schwieriger war, die Versorgerrolle zu akzeptieren oder die Schuldgefühle, ihn wegzugeben. Egal wie: Was würden die Nachbarn und die Familie sagen? Schon alleine professionelle Hilfe zu akzeptieren, ist in so einem Fall schwer. Irinas Bedenken waren nicht einmal unbegründet, denn ich finde es nach wie vor erstaunlich, welche Verurteilungen und schräge Ratschläge Menschen über sich ergehen lassen müssen, die ihre Angehörigen pflegen.

„Ja" zu der Betreuung eines Ehepartners zu sagen, der sich in der Persönlichkeit verändert, ist primär ein „Ja" zu etwas Unbekanntem, und damit ein Stress und ein Wagnis. Irina hat es gewagt, mit allem, was die Situation für sie beinhaltete.

Sie wuchs über sich hinaus und Walter verließ bis zu seinem Tod das Haus nicht mehr. Für Irina eröffnete sich ein Netzwerk, das es ihr erlaubte, sie selbst zu bleiben, dass sie trotz der Betreuung ihres Mannes Zeit für sich einbauen durfte, unterstützt wurde und vor allem, dass sie sagen durfte, wie es ihr ging. In diesem Prozess lernte Irina viel über sich selber, lernte die Aufgeregtheit ihres Geistes zu transformieren in Vertrauen. Mit diesem bekam sie auch wieder den Walter zu sehen, den sie vor über 30 Jahren aus Liebe geheiratet hatte. Sie erkannte den Menschen Walter wieder, auch wenn es ein anderer Walter war als der, den sie geheiratet hatte. Sind wir nicht immer alle anders und wollen in jedem Augenblick als jene geliebt und verstanden werden, die wir sind?

Von Walter kam nie ein klagendes Wort. Mir als ungeduldige Rebellin ist es völlig unbegreiflich, wie das geht. Vielleicht konnte ich deshalb Irina so gut verstehen und den Hut vor ihr ziehen. Er aber wurde für uns alle ein kleines Wunder. „Eigentlich hat er es mir leicht gemacht", sagte Irina später zu mir. Obwohl er als Geschäftsmann anscheinend anders war und Veränderungen nur schwer akzeptieren konnte, nahm er sie jetzt an, wenn klar war, dass sie unumgänglich wurden: die Gefahr des Treppen-steigens, das Unvermögen, das Laptop zu bedienen, der Nachstuhl, das Pflegebett, die volle Pflegebedürftigkeit. Im Beisein seiner Frau starb er friedlich zu Hause.

Walters Enkeltochter Delia kam einen Tag nach seinem Tod zur Welt. Ich finde es gut, dass sie ein Mädchen ist, vielleicht wäre sie sonst zu sehr als eine Fortführung der männlichen Linie der Familie gesehen geworden. Sie wurde die Prinzessin der Großmutter und in all der Trauer um Walter die Quelle der Freude für sie.

Es erschien uns seltsam, dass Walter und Delia sich keinen Tag als Mensch mehr trafen. Aber vielleicht taten sie das im Zwischenbereich von Geburt und Tod, denn wer weiß schon, wo wir herkommen und wo wir hingehen?

## 12. Corinne und Martin, Geduld am laufenden Band

Mit Corinne und Martin verhielt es sich etwas anders als mit Walter und Irina. Erstens waren sie rund 15 Jahre jünger, also mitten im Berufsleben, und zweitens lernte ich Martin erst kennen, als sein Hirntumor schon starke Persönlichkeitsveränderungen bewirkte. Das erste Mal, als ich Corinne traf, kam sie in unser Büro. Es gibt wohl kaum einen Ort, der unpassender für eine solch emotionale Angelegenheit ist. Aber sie wollte es so, trotz meiner zögerlichen Zusage.

Sie hatte Glück mit der Case-Managerin ihrer Versicherung, die den „Case" wirklich aus einer menschlichen Perspektive sah und ihr riet, uns zuzuziehen. Corinne wollte uns eigentlich nicht, da sie dachte, sie müsse das alleine schaffen – was leider viele Menschen in einer Situation wie der ihrigen denken, bis sie nahe am Zusammenbruch sind. Ich lernte also eine wunderschöne Frau anfangs 50 kennen. Sie sagte mir weinend, sie habe keinen Mann mehr, sondern wieder ein kleines Kind, auf das sie ständig aufpassen müsse. Trotzdem gingen noch einmal viele Wochen ins Feld, bis ich ihn kennenlernen durfte.

Martins Tumor machte wirklich Dinge mit ihm, die ich vorher noch nie beobachtet hatte. Auch er war ein stattlicher Mann, früher im technischen Bereich tätig, offenbar intelligent und sehr auf seine Frau fixiert. Was aber das Außergewöhnliche an seinem Verhalten war, war seine Kommunikation. Sie erinnerte mich an eine Fernsehshow mit Rudi Carrell vor ungefähr 20 Jahren. Die Teilnehmerinnen lernten eine bestimmte Antwort auswendig und egal, welches Thema ihnen präsentiert wurde, sie mussten die Kommunikation so steuern, dass sie letztlich ihre einstudierte Antwort pikobello runterrattern konnten. Jedes Mal wenn ich kam, hatte Martin solch eine Schlaufe und egal was ich ansprach, er schaffte es immer, darauf zurückzukommen. Er wäre der ideale Kandidat für Rudi Carrell gewesen. So ging es wirklich wie am laufenden Band. Es war anstrengend, aber oftmals wirklich lustig. Bei aller Persönlichkeitsveränderung hat er sich nämlich seinen Humor und Witz bewahrt, wie mir Corinne bestätigte.

Leider war unsere Bekanntschaft keine Unterhaltungsshow, bei der seine Ehefrau die Zuschauerin war. Irgendwie musste ich ja rausbekommen, ob er litt, beispielsweise unter Angst, Schmerzen, Halluzinationen, Orientierungslosigkeit. Also musste ich gleichermaßen seine Schlaufe aufgreifen, aber ihn dabei zu kleinen Umwegen verleiten. Auch das ist Beziehung. Nach dem dritten Mal begrüßte mich Martin mit meinem Namen. Das freute mich wirklich. Es ging alles soweit gut, bis der Tumor trotz Cortison wuchs, aber das Cortison auf der anderen Seite Martins Blutzucker in die Höhe trieb.

Über all die Wochen kamen Corinne und ich uns nahe. Wie gesagt, bei Hirntumoren brauchen uns oft die Angehörigen mehr als der Patient. Ich habe selten so eine tapfere, geduldige und mutige Frau erlebt. Sie konnte durchaus weinen und war sich ihres Schicksals bewusst, aber sie gab niemals auf und kümmerte sich bis zur letzten Minute um ihren Mann, auch wenn es nicht mehr der Martin war, den sie geheiratet hatte. Für die beiden erwachsenen Kinder war die Situation sehr belastend. Vor allem für den Sohn, der noch bei den Eltern lebte. Aber auch sie hielten durch und ermöglichten es Martin, eine lange Zeit zu Hause zu bleiben.

Oftmals verstehen wir unter der Bezeichnung „geduldig" jemanden, der alles über sich ergehen lässt und „Ja" und „Amen" dazu sagt. Das ist nicht mein Verständnis von Geduld. Jeden Monat fokussiere ich meine geistige Übung auf eines von sechs Feldern der Haltungen eines erwachten Wesens (ungefähr vergleichbar mit Heiligen in theistischen Religionen). Die Geduld ist eine dieser Haltungen. Zu diesem Zweck arbeite ich mit Slogans. Hier sind sechs zum Thema Geduld:

- Geduld und Vertrauen sind dasselbe.
- Akzeptiere was ist, es ist sowieso wie es ist.
- Geduld heißt nicht, dass alles so bleiben muss, wie es ist.
- Dafür aufzustehen, woran das Herz glaubt, ist auch Geduld.
- Wann wird Geduld zum Starrsinn?
- Gewinn und Verlust sind beide akzeptabel.

Corinne war mir in dieser Haltung weit überlegen. Ich sah Martin einmal die Woche, sie sieben Tage und mit einigen Ausnahmen, die wir ihr ans Herz legten, den ganzen Tag.

Sie lernte, sich Entlastungen zu holen und bestand auf ihre eineinhalb Tage Arbeit jede Woche, auch wenn Martin ihr da oft hinterhertelefonierte. Sie vertraute in ihre Beziehung und akzeptierte die sich ständig verändernde Situation. Sie investierte letztlich Vertrauen auch in mich und so konnte sie mich um Hilfe rufen, als Martins Tumor es nicht mehr erlaubte, ihn zu Hause zu pflegen. Gemeinsam und mit letzter Anstrengung schafften wir es, ihn zu bewegen, mit auf die Palliativstation zu kommen. Als er einmal dort war, konnten sowohl er als auch seine Frau und seine beiden Kinder entspannen. Dort durfte er in Frieden und in Würde sterben. Corinne und ich sind heute noch befreundet. Wenn wir uns treffen, können wir miteinander über unsere Zeit mit Martin trauern und lachen, aber wir können auch nach vorne schauen und einfach eine Beziehung zwischen zwei Frauen jenseits unserem unterschiedlichen Bezug zu Martin leben.

## 13. Lucas und Annika, Ratio versus Emotion

Auch Annika lernte ich im Büro kennen. Ihr Mann hatte einen Hirntumor und miteinhergehend Persönlichkeitsveränderungen. Sie kam zusammen mit ihrer Tochter Judith. Persönlich finde ich es super, wenn Familien mich prüfen, bevor sie mir Einlass gewähren. Allerdings fällt es mir etwas schwer, den eigentlich Betroffenen dabei auszugrenzen. Von Corinne habe ich gelernt, dass es bei der Diagnose Hirntumor durchaus wichtig ist, dass die Ehefrau wirklich ungestört Zeit hat, ihre Fragen zu stellen – und Annika hatte viele Fragen und viele Sorgen.

In der Familie herrscht die klassische Rollenteilung, für ihre Generation eine völlig normale, patriarchale Rangordnung. Lucas war für die finanzielle Versorgung der Familie zuständig, für das Rationale und das Kontrollierbare. Annikas Verantwortung lag im Zusammenhalt des sozialen Gefüges der Familie, bei den Emotionen und der Anpassung. Bei Lucas machte sich der Tumor am Anfang dadurch bemerkbar, dass er dieses gelernte Muster verstärkte, was Annika natürlich in unglaublichen Stress versetzte. Plötzlich war sie zusätzlich für das Koordinieren und Planen zuständig, er aber war sich seiner zunehmenden Defizite nicht bewusst und wurde – obwohl nicht mehr alle Zusammenhänge stimmten – noch rationaler und logischer. Wenn er damit nicht durchkam, konnte er durchaus harsch werden. Die beiden Frauen hatten auch Angst, er könnte dies mir gegenüber sein, wenn ich ihn besuche. Für einmal in meinem Leben muss ich sagen, dass ich froh bin, in einem patriarchalen Haushalt aufgewachsen zu sein. Und weil ich meinen Vater, den Patriarchen, liebte und seine Prinzessin war, weiß ich auch heute noch damit umzugehen. So begann das Abenteuer mit Lucas.

Gemäß seiner Persönlichkeitsstruktur war er Mitglied der Sterbehilfeorganisation „Exit", was er mir sofort unmissverständlich mitteilte. In seinem Alter, Anfang 80, sei es ja logisch, dass man sich umbringe, wenn es nichts mehr bringe. Logisch schon, nur ist das Leben nicht immer logisch, was er nicht bestreiten konnte. Außerdem seien 20 Minuten Besuch genug, länger könne er sich nicht mehr konzentrieren und würde müde. Ich erwiderte, ich wäre nicht böse, wenn er sich später hinlegen würde und ich noch etwas Zeit mit seiner Frau hätte... So ging die Konversation, wir konnten miteinander.

Von Anfang an machte mir die Exit-Logik Sorgen. Nicht weil ich Gegnerin wäre, aber um mit Exit aus dem Leben zu scheiden, muss man voll entscheidungsfähig sein. Ist man das mit einem fortgeschrittenen Hirntumor und wer entscheidet das? Der Familie klar zu machen, dass diese logische Rechnung vielleicht nicht aufgehen würde, war eine kommunikative Knacknuss, vor allem, weil wir zu viert am Tisch saßen und ich Lucas nicht gleich als erstes diese „Hoffnung" rauben wollte. Wie lange kann ich über mein Leben entscheiden und wann kann und darf ich das nicht mehr, zumindest, wenn es um assistierten Suizid geht?

Was aber wirklich toll war, war die geistreiche und philosophische Denkweise mit der sich Herr und Frau Rohde beschäftigten. Ich erkannte das relativ früh, weil er mir unterstrichene Zitate zeigte, die er in Bezug auf das Sterben gesammelt hatte. Daraus entstanden unglaublich spannende Diskussionen und dabei konnte er sich definitiv länger als 20 Minuten konzentrieren. Auch für seine Frau waren diese Auseinandersetzungen mit dem Dasein Nahrung in ihrem gestressten Alltag. Viele Thesen, über die ich hier im Buch rede, habe ich mit Rohdes durchgesprochen, auch um zu sehen, ob sie verstanden werden können. Dass sie es taten und wirklich Einfluss auf ihren Umgang mit der Krankheit hatten, gab mir zusätzliche Motivation zu schreiben.

Das Argument, dass das Sterben eine Zeit des Lebens ist, die ein großes Potenzial zur menschlichen Reife und zum Wachstum hat, ergab sowohl für den rationalen Mann als auch für die emotionale Frau Sinn. Was aber das Verrückteste an der Situation war: Die beiden wuchsen nach Jahren relativer Distanz wieder zusammen.

Der Ansatz dazu war schon da, bevor der Hirntumor alle logischen Bewältigungsstrategien von Lucas vernichtete, und das war gut so. Denn von einem Tag zum anderen war er plötzlich mit seinen Emotionen konfrontiert, aber weil er nie gelernt hatte, sich mit ihnen auseinanderzusetzen, schleuderte es ihn nun von Verzweiflung zu Wut, von Trauer zu Sehnsucht – und das alles im Minutentakt. Was ihm half sich zu ordnen war, dass seine Frau das konnte und für ihn nun zum Fels in der Brandung wurde. Was beiden half, war die Erklärung von emotionalen Mustern, und warum das für ihn gerade so schwierig ist. Ich riet beiden, dass sie versuchen sollten, emotionale Ausbrüche nicht persönlich zu nehmen. Annika litt mehr unter seiner Verzweiflung als unter seiner Wut. Das war echt berührend.

Es war toll zu sehen, dass seine Ratio insofern noch voll funktionsfähig war, als dass er meinen Erklärungen folgen konnte, er aber andererseits mittlerweile so offen emotional verletzlich wurde, dass ein richtig schöner Mensch zum Vorschein kam. Annika hatte sich viele Jahre nach genau diesem Mann gesehnt. Jetzt hatte sie ihn. Als ich Lucas sagte, welch schöner Mensch er durch den Mut geworden sei, seine Verletzlichkeit zu zeigen, auch wenn es unangenehm sei, war er zuerst verdutzt, aber dann verstand er und freute sich.

An dieser Stelle sei gesagt, dass Lucas noch lebt und ich mitten in dieser Beziehung stehe. Wie diese Betreuung ausgeht, weiß ich nicht; wo er sterben wird, weiß ich nicht; wie er sterben wird, weiß ich nicht. Trotzdem haben er und Annika Vertrauen in die Situation gefasst und wollen sie zusammen meistern. Und ich mit ihnen.

Ich fragte Lucas, ob ich seine und unsere Geschichte mit ins Buch aufnehmen dürfe. Er antwortete: Ja, aber an nicht zu prominenter Stelle. Nun steht sie hier und ihr Ende am Ende des Buches. Danke Lucas.

## 14. WELCHES ICH BIN ICH UND WELCHES STIRBT?

Der rote Faden durch die drei letzten Lebensgeschichten ist der Verlust der Autonomie durch die Veränderung der Hirnstruktur. Wie bei allen drei Patienten ersichtlich ist, veränderte sich ihre Ich-Wahrnehmung rasend schnell. Sie selbst empfanden sich aber immer als Ich, Ich-Walter, Ich-Martin und Ich-Lucas. Aus der Beobachter-Perspektive heraus sagen ihre Frauen: „Das ist nicht mehr mein Mann, zumindest nicht der, den ich kenne."

Das sehen wir aber nur aus zwei Gründen so. Erstens, weil es so schnell geht und zweitens, weil es uns nicht direkt betrifft. Denn es ist eine Tatsache, dass dasselbe für uns auch zutrifft.

Die Ich-Evi, die ich erlebe, war einst mutiges Straßenfeger-Kind, dann depressive Jugendliche, dann Ich-Innen-dekorateurin, Ich-Krankenschwester, Ich-Intensivpflege-fachfrau, Ich-Auswanderin in die USA, Ich-Zen Nonne, Ich-Palliativ-pflegefachfrau, Ich-beginnende Wechseljahre. Jedes dieser „Ich" war und ist eine andere Lebenserfahrung. Jene, die schon durchgelebt sind, nichts mehr als eine gedankliche Erinnerung, die aber doch Einfluss hat auf das Ich, das ich jetzt bin. Das Ich, das ich jetzt bin, wird Einfluss haben auf das Ich welches nächstes Jahr vielleicht oder vielleicht auch nicht lebt, aber es wird nicht mehr das jetzige Ich sein.

Das ist eine verstörende Tatsache. Die drei monotheistischen Religionen trösten sich mit dem Glauben darüber hinweg, dass es eine fortwährende Seele gibt, die sich wie ein roter Faden durch das Leben und darüber hinaus zieht. So gesehen glauben Christen mehr an Reinkarnation als es Buddhisten tun, in deren These lediglich Impulse Anstoß für neues Leben geben. Sei es wie es will, wir wissen es nicht. Was immer uns hilft, mit dieser Urangst umzugehen, dass wir nicht wissen, wer „ICH" ist, und damit ob es „MICH" gibt, ist meiner Ansicht nach gut, solange es niemand anderem schadet. Leider schaden wir aber nicht selten genau damit, und die bösesten Ausuferungen dieser ausagierten Urangst sehen wir gerade im Nihilismus, dem Egozentrismus und der Geringschätzung des Lebens durch Selbstmordattentäter, Rechtsradikale und einige Politgrößen.

Ein sehr bekanntes japanisches Lehrgedicht beschreibt diese „Wer-bin-ich-Frage" als Gleichnis mit einem brennenden Stück Holz:

„Brennholz wird zu Asche. Asche kann nicht wieder zu Brennholz werden. Trotzdem sollten wir dies nicht so verstehen, als ob die Asche nachher und das Brennholz vorher wäre. Wir sollten wissen, dass Brennholz im Zustand des Brennholzes verweilt und ein eigenes Vorher und Nachher hat. Doch obwohl es vorher und nachher gibt, sind Vergangenheit und Zukunft abgetrennt. Asche ist im Zustand der Asche mit ihrem eigenen Vorher und Nachher. So wie Brennholz nicht mehr zu Brennholz wird nachdem es zu Asche verbrannt ist, so wird auch ein Mensch nach seinem Tod nicht wiedergeboren... Leben ist ein Zustand in der

Zeit. Tod ist auch ein Zustand in der Zeit. Dies ist wie Winter und Frühling. Wir denken weder, der Winter werde Frühling, noch sagen wir, der Frühling werde zum Sommer.[3]"

Vor dieser Äußerung steht man erst mal und weiß wohl nicht, worüber der Autor Dogen Zenji redet, aber trotzdem ergreift das Gedicht einen, weil man spürt, dass darin eine tiefe Weisheit liegt. Um diese Weisheit vielleicht ein wenig anzuzapfen, möchte ich noch ein paar unlösbare Fragen mehr stellen: Welches Stück Brennholz bin ich gerade? Ist es wichtig, dass ich das weiß oder ist es wichtig, dass ich brenne? Was hat Zeit mit meinem Ich zu tun, wenn Leben und Tod Zustände in der Zeit sind? Gibt es für den Menschen die Erfahrung Leben ohne die Erfahrung Zeit?

Wir alle kennen kurzfristige Erfahrungen, bei denen wir den Eindruck haben, die Zeit stünde still – meistens in romantischen Augenblicken, wie zum Beispiel einem Sonnenuntergang, oder dem Augenkontakt mit einem geliebten Menschen. Erst wenn wir wieder anfangen, rational zu denken, kommen auch wieder die Zeit und der Eindruck, dass man ein getrenntes Wesen ist, sprich: Ich versus Du. Wo aber war das Ich während dem Sonnenuntergang?

_____

[3] Genjokoan, erstes Kapitel des Shobogenzo von Eihei Dogen Zenji

## 15. Der Sinn des Lebens und die Angst vor dem Tod

Da wir uns aber mehr oder minder unseres Todes bewusst sind, drängt sich für unseren Geist die Frage nach dem Sinn unseres Lebens auf. Hermann Hesse formulierte es folgendermaßen: „Wir verlangen, das Leben müsse einen Sinn haben – aber es hat nur ganz genau so viel Sinn, als wir selber ihm zu geben imstande sind."

Auch Lucas warf mir eines Tages wütend an den Kopf: „Das hat doch alles keinen Sinn mehr, wozu noch auf das Ende warten, ich gehe jetzt zu Exit!" Ich stellte ihm die Frage, wann dieser Punkt der Sinnlosigkeit eingesetzt habe.

Mit der Geburt erhalten wir eine „unheilbare Erkrankung" diagnostiziert: Wir werden sterben. Doch kann unser Geist sich ein Leben ohne uns nicht vorstellen. Immer wenn ich mir ein solches Leben vorstelle, bin ich immer noch in der Perspektive derjenigen, die es sich vorstellt und damit mitten im Leben. Da der eigene Tod auch lange nicht konkret ist, können wir ihn wunderbar verleugnen. An der Tatsache, dass wir sterben werden, ändert das nichts.

Also machte es entweder nie Sinn zu leben, oder es macht auch während der Sterbephase Sinn, denn das Einzige was sich ändert ist, dass das Sterben nun einen Namen hat: Krebs, ALS, Herzschwäche, Blutvergiftung... Seit den Anschlägen von Paris 2015 besteht ein Sinn meines Lebens darin, jedem unwürdigen Tod einen würdigen entgegenzusetzen, soweit ich Einfluss darauf habe. Eine Evi, die jetzt noch nicht existiert, wird zu unbekannter Zeit und auf unbekannte Art sterben. Das Urteil darüber, ob es ein würdiger oder unwürdiger Tod war, überlasse ich der Nachwelt. Der einzige Tod, der mir selbst im Moment als unwürdig erscheint, ist in einer dieser sinnlosen Terrorattacken umgebracht zu werden. Indem der Wittwer Antoine Leiris nach den Anschlägen zu den Angreifern sagte, er werde ihnen nicht den Gefallen tun, sie zu hassen, verlieh er nicht nur dem Tod seiner Frau Würde, sondern dem Leben an sich.

Antoine und seine Frau waren definitiv nicht darauf gefasst, dass und wie sie an diesem Tag sterben würde. Mehr oder minder bewusst wissen wir alle, dass die Möglichkeit besteht, dass wir noch heute sterben könnten.

Kann man lernen, mit dieser Unsicherheit zu leben? Ich behaupte ja. Sich der Angst vor dem eigenen Tod zu stellen kostet Mut, aber um zur Freiheit vor dieser Angst zu gelangen, muss man durch sie hindurch. Zumindest ist dies meine Erfahrung und die vieler MystikerInnen und LehrerInnen aller Traditionen, mit denen ich geredet habe oder bei denen ich lernte.

Besonders berühren mich in diesem Sinn die Worte der jungen Etty Hillesum. Sie war holländische Jüdin, ermordet in Auschwitz und schrieb während der Zeit der zunehmenden Bedrängnis durch die Nazis ein Tagebuch mit dem Titel: „Das denkende Herz".

Etty Hillesum wird von vielen Suchenden als Mystikerin gesehen. Sie war erst 29 Jahre alt, als sie von den Nazis ermordet wurde. Auf Seite 128 schreibt sie: „In letzter Zeit kommt es immer häufiger bei mir vor, daß ich bis in meine kleinsten täglichen Verrichtungen und Empfindungen einen Anflug von Ewigkeit verspüre. Ich bin nicht die einzige, die müde oder krank oder traurig oder ängstlich ist, sondern ich teile das Los von Millionen anderer Menschen aus vielen Jahrhunderten. All das ist ein Teil des Lebens, und trotzdem ist das Leben schön und sinnvoll noch in seiner Sinnlosigkeit, wenn man nur allen Dingen einen Platz im Leben einräumt und das ganze Leben als Einheit in sich aufnimmt, so daß es dennoch zu einem geschlossenen Ganzen wird. Und sobald man Teile davon ausschließt und ablehnt, sobald man eigenmächtig und willkürlich dies eine vom Leben annimmt, jenes andere aber nicht, ja, dann wird es in der Tat sinnlos, weil es nun kein Ganzes mehr ist und alles willkürlich wird."

Vielleicht ist gerade dieser Durchbruch zur Ewigkeit, zur Gänze des Lebens oder zur Freiheit jenseits der Angst vor unserem Nicht-Sein der Sinn unseres Seins? Wer weiß?

## 16. Der Geist ist willig, aber der Körper ist schwach oder: ALS

Ganz anders als den Menschen mit Hirntumoren geht es Menschen mit ALS. Falls Sie nun nicht wissen, worüber ich rede, kann ich Sie trösten. Bevor ich in der Palliativmedizin anfing zu arbeiten, wusste ich es auch nicht. In letzter Zeit hat diese Erkrankung durch die Ice-Bucket-Aktion etwas Aufmerksamkeit erregt. Manche kennen auch das wunderbare Buch *„Learning to Fall, The Blessing of an Imperfect Life"* von Philip Simmons. Leider wurde es nie auf Deutsch übersetzt. ALS ist eine Erkrankung, bei der der Körper zunehmend gelähmt wird, bis in der Regel auch die Atemmuskulatur versagt und man an dessen Folgen stirbt. Hart daran ist, dass man kein bisschen seiner geistigen Fähigkeiten einbüßt und daher alles sozusagen „life" mitbekommt.

Die meisten von uns spüren ihren Körper nur dann, wenn etwas wehtut oder wir uns – zum Beispiel in der Meditation – gezielt darauf konzentrieren. Wenn ich Menschen mit ALS betreue (es waren fünf in den letzten fünf Jahren), dann wird mir dieser Umstand immer besonders bewusst. Es tut mir dann leid, mit welcher Ungerechtigkeit ich meinen Körper betrachte oder ihn wegen kleinster „Vergehen" verdamme. Wenn ich mich zum Beispiel in den Finger schneide, halte ich mir erst mal eine geistige Predigt darüber, wie ungeschickt ich mich angestellt habe. Dann tut es weh und ich möchte, dass das aufhört. Mein Geist hört nicht auf, sich am Schmerz zu stören, bis ich etwas unternehme, damit ich meinen Finger nicht mehr spüre. Froh bin ich, wenn ich meinen Körper nicht spüre, denn dann tut nichts weh. Die einzige Ausnahme davon sind zärtliche Berührungen in liebevollen Momenten.

Überhaupt benutzen wir unseren Körper oft wie eine Art Diener für den Geist. Wenn wir in den Spiegel schauen, schauen wir vermutlich nicht, ob wir uns wohlfühlen (dazu bräuchten wir keinen Spiegel). Wir schauen, ob er attraktiv genug ist für andere, und ob er okay genug ist, das Haus zu verlassen. Das alles „machen" der Geist und die Gedanken. Sie mögen denken, so schlimm ist es nicht. Doch heutzutage gibt es kaum mehr eine Tagescreme für Frauen, auf der nicht Anti-Aging steht und man muss um Models zunehmend Angst haben, dass sie unter Magersucht leiden. Dies zeigt, was wir unter einem idealen Körper verstehen und wie wir mit Abweichungen davon umgehen, obwohl dies vermutlich für 98% der Bevölkerung zutrifft.

Wenn es aber heißt, dieser Körper wird sterben, weil irgendwas an ihm existentiell funktionsunfähig wird, dann richten sich plötzlich all unsere Sinne auf ihn. Mit einem wachen Geist den Abbau des eigenen Körpers wahrnehmen zu müssen, ist schwer. Das ist es, was ALS macht.

Ich möchte hier keine Angst vor ALS schüren, auch wenn dies sicherlich zu den Diagnosen gehört, die ich für mich selbst am meisten fürchte. Ich möchte die Geschichten von zwei Frauen mit ALS erzählen, die ich zuhause betreuen durfte. Sie hätten unterschiedlicher nicht sein können und sie haben mich eine Menge darüber gelehrt, wie weit ich wirklich willig bin, in einer Beziehung zu verschmelzen.

## 17. ULRIKE, UNSER MARSCHALL

Ulrike war echt das, was man diplomatischerweise mit „Charakter" bezeichnet. Wenn man etwas undiplomatisch sein möchte, könnte man sagen, sie hatte ein großes Problem damit, wenn etwas anders lief, als sie es wollte. Sie war ein hundertprozentiger Kontrollfreak. Das fing vermutlich nicht erst mit ihrer Diagnose an, aber war natürlich genau dann ein riesiges Problem. Das Erste, worüber sie keine Kontrolle mehr hatte, waren ihre Sprache und das Schlucken. Die Technik, sich mit ihr zu unterhalten, war daher, dass sie auf eine abwischbare Tafel schrieb und wir redeten. Trotzdem schaffte es Ulrike, ihre Persönlichkeit rüberzubringen, denn sie schrieb ununterbrochen. Sie konnte sogar gleichzeitig schreiben und auswischen.

Ulrike schaffte es auch, unser gesamtes Team in Rage zu versetzen, weil man es nie recht machen konnte, sie sich immer beschwerte und keine Unterstützung wirklich zugelassen wurde. Vor allem Letzteres ist für Pflegefachfrauen unerträglich. Wir haben alle ein Helferinnensyndrom. Wenn ich zusehen muss, wie jemand trotz erhöhter Sturzgefahr darauf besteht, sich die Seidenstrumpfhose selber anzuziehen, kribbelt es in allen Fingern. Trotzdem war sie es, an deren Leben wir als Team besonders teilnahmen. Damit es aber dazu kommen konnte, mussten wir uns wirklich auf sie einlassen und das war schwierig.

Als sie es mal wieder geschafft hatte, das Team an einen Punkt zu treiben, an dem es sich weigern wollte, sie zu betreuen, wurde ich von der Teamleitung um eine Fallbesprechung gebeten. Zu diesem Zeitpunkt konnte Ulrike nicht mehr reden, nicht mehr schlucken (sie hatte eine Sonde), den Kopf nicht mehr heben und hatte Nackenschmerzen. Ihre Diagnose war auf die Ebene oberhalb der Schultern begrenzt. Fallbesprechungen laufen in der Regel viel auf der fachlichen Ebene ab. Aber das war bei Ulrike wirklich nebensächlich, denn an ihren Körper ließ sie uns eh nicht ran.

Um Ulrike zu verstehen, um Abgrenzung gegenüber ihrem Leiden in Mitgefühl zu verwandeln, und um vielleicht bei Ihnen, liebe LeserInnen, ein Gefühl von Dankbarkeit für einen funktionierenden Körper zu erwecken, können Sie vielleicht das mitmachen, was ich das Team bat, zu tun:

Nehmen Sie einen Strohhalm, den Sie auf eine Handbreite abschneiden, in den Mund und atmen Sie darüber. Lassen Sie dabei den Kopf auf den Brustkorb sinken. Vor Ihnen liegt ein Block und etwas zum Schreiben. Nun stellen Sie sich vor, Sie sind gerade aufgestanden, haben einen schalen Geschmack im Mund, können sich aber die Zähne nicht wie gewohnt putzen. Stellen Sie sich den Geruch von Kaffee vor, aber Sie können auch keinen mehr trinken. Es läuft Ihnen lediglich das Wasser im Mund zusammen, ohne dass Sie es schlucken können. Auch wenn Sie von der Spucke husten müssen, können Sie sie nicht schlucken. Dafür müssen Sie aber jeden Tag vier bis sechs Stunden an einen Apparat mit brauner Brühe, die direkt in Ihren Magen läuft.

Während ich Ihnen dies erzähle, dürfen Sie nicht auf-schauen, um sich abzulenken oder weil das Telefon klin-gelt. Sie sehen quasi nur noch ihren Brustkorb, die Füße und den Fußboden. Raus wollen Sie nicht mehr, erstens werden Sie „blöd angequatscht" oder bemitleidet und zweitens ist es zu anstrengend, wieder in die Wohnung raufzukommen. So, nun kommt eine verhältnismäßig junge, gesunde und fremde Pflegefachfrau zur Tür herein und fragt künstlich frohgelaunt: „Na Frau Sowieso, wie geht es Ihnen heute?"

Dass einen das zum Wahnsinn treibt, haben alle Betreue-rinnen verstanden.

Immer wenn ich Menschen erst dann kennenlerne, wenn sie ihre Sprache verloren haben, bin ich mir bewusst, wie sehr ich mich mit meiner identifiziere. Es ist nicht nur der Inhalt und die Geschwindigkeit, mit der ich mich ausdrü-cke, sondern auch der Klang, die Betonungen, die Ent-schlossenheit, die Zärtlichkeit und alles andere Paraver-bale, was durch unsere Stimme rüberkommt. Und ich könnte nicht mehr singen.

Ich werde schon übellaunig, wenn ich eine halbe Stunde nach dem Aufstehen keinen Kaffee getrunken habe. Wie ich meinen Tag verbringen würde, wenn ich mich nicht mehr bewegen könnte, nur noch meine Wohnung sähe o-der nicht mehr in Meditationshaltung sitzen könnte, weiß ich nicht. Da drängt sich mir ganz erheblich die Sinnfrage auf.

Genau damit hat uns Ulrike konfrontiert. Als wir uns durch die Kontemplation darauf einließen, konnten wir besser verstehen, wie es ihr ging, anstatt aus unseren unbewussten Ängsten heraus verärgert und ungeduldig zu werden. Oft fuhr ich zu ihr nach Hause und schluckte auf dem Hinweg so lange wie möglich nicht, um mich auf sie einzustellen.

Ulrikes Wille war einfach unglaublich. Als Fallführende musste ich ihr manchmal eine Grenze setzen, trotzdem mochte und respektierte ich sie wirklich. Das wusste sie. Sie war davon überzeugt, dass Gott das alles schon so wollte und sie dann holen würde, wenn es recht ist. Trotzdem schimpfte sie mit ihm, dass er sie einfach nicht holen wollte. Sie wollte nicht, dass wir sie nach ihren Symptomen fragten, sie wollte, dass wir 15 Minuten am Tag mit ihr das ertragen, was sie 24 Stunden ertragen musste. Das forderte sie ein. Aber nie gingen wir zu ihrer Tür raus, ohne dass nicht als Letztes „Danke" auf Ihrer Tafel stand. Sie wollte lieber hören, was in ihrem Dorf geschah oder was wir in den Ferien getrieben haben, als jeden Tag dasselbe über die Krankheit zu erzählen. Als wir das verstanden hatten, ging es besser. Ich habe heute noch zwei Paar selbstgestrickte Socken von ihr. Das Stricken und Kreuzworträtsel waren ihre Lebensfreude. Mit letzter Kraft hatte sie noch ein paar Socken für eine Kollegin von mir gestrickt.

## 18. FATIMA UND GABRIELA SABATINI

Wer weiß heute noch, wer Gabriela Sabatini ist? Ich. Der Grund dafür, dass ich mich immer wieder an sie erinnere, ist die Begleitung von Fatima.

Auch Fatima hatte ein ALS, allerdings eines, welches zuerst die Körperhälfte unterhalb der Schulterlinie betrifft. Als wir uns trafen, war sie gerade vom Schemel gefallen und hatte sich eine Rippe gebrochen. Sie wollte noch nichts von „Palliativ" wissen, aber weil ich so einen kompetenten Eindruck machte und sofort sensibel darauf einging, wie wichtig es ihr war, gut auszusehen, durfte ich die Führung des Falles übernehmen. Da sie keine Treppe mehr steigen konnte, lebte sie auf dem unteren Stockwerk ihres großen Hauses, wo ich sie in einem kleinen Badezimmer wusch. Irgendwie war mir klar, dass sie sich nach einem guten und tröstenden Sinneseindruck sehnte und ich fragte sie, wo ihr Parfüm sei. Das war noch im ersten Stock und unter denen, die da standen, wählte ich Gabriela Sabatini. Es traf ihren Geschmack. Da lachten wir das erste Mal zusammen und daraus entwickelte sich eine wirklich tiefe Beziehung. Sie war eine der Wenigen, die ich schon während der Betreuung duzte. Als sie es mir anbot, wusste ich, wie wichtig das für sie war.

Fatima wollte nicht sterben, sie wollte noch nicht mal wissen, was da auf sie zukommen würde. Also versprach ich ihr, ihr nicht mehr zu sagen als das, was sie ertragen konnte und zur Meisterung des Alltags brauchte. So lange sie den Berg Schritt für Schritt meistern konnte, war der Weg nicht zu steil.

Es gab zwei Beziehungen in Fatimas Leben, die mich faszinierten. Die eine war Robert. Robert war ein alter Freund des Hauses, schon zu Lebzeiten von Fatimas Ehemann. Jener war zehn Jahre zuvor an Krebs gestorben. Es war eigentlich nicht der Plan, dass Robert sich um Fatima kümmern sollte, eher anders rum, weil er in Not war. Doch dann kam das ALS und Robert war plötzlich gefragt. Er nahm die Herausforderung an.

Aber nicht nur das. Fatima war wirklich eine Frau, die auf Manieren und Aussehen Wert legte. Während Robert sich also darum kümmerte, dass sie zuhause bleiben konnte, kümmerte sie sich darum, dass er sich um sein Erscheinungsbild und sein Auftreten kümmerte. In dem Maß, wie ihre Fähigkeiten darin abnahmen, nahmen seine zu. Es war wie eine Art Kompensation. Robert wuchs wirklich über sich hinaus in jener Zeit. Zum Schluss gingen die beiden sogar im Rollstuhl um den Häuserblock, was sie anfangs aus Stolz weit von sich wies. Ich war unglaublich stolz auf die beiden.

Die andere faszinierende Beziehung in Fatimas Leben war die zu ihrer Tochter Rahel. Ich habe noch selten so eine fürsorgliche und enge Beziehung zwischen Mutter und Tochter erlebt. Man könnte argumentieren, dass sie zu symbiotisch war, aber in Anbetracht des nahen Todes der Mutter war es einfach zutiefst berührend. Rahel wohnte eigentlich nicht mehr im gleichen Haushalt und so war es für sie und ihren Partner durchaus eine Herausforderung, sich angemessen um Fatima und Robert zu kümmern. Nach dem Familiengespräch war klarer, wie die Einzelnen zueinander standen und wer welche Aufgabe übernahm. Rahel stimmte mit mir überein, ihrer Mutter nur so viel zuzumuten, wie sie ertragen konnte. Das aber bedingte, dass Rahel den Teil alleine tragen musste, der darüber hinausging. Sie kümmerte sich also im Hintergrund um alles, wofür es Vorsorge brauchte, um es dann parat zu haben, wenn es gebraucht wurde. Sie war diejenige, die wusste, was auf die Mutter zukommt, und dafür vorsorgte, weil die Mutter es noch nicht wissen wollte.

Weil Rahel das machte, obwohl es ihr schwerfiel, konnte Fatima sich dann darum kümmern, wenn es Zeit war, obwohl es ihr schwerfiel. So war immer rechtzeitig für das meiste gesorgt.

Das war die praktische Ebene. Auf der Gefühlsebene weinte die eine, wenn die andere weinte. Freute sich die eine, wenn die andere sich freute. Litt die eine, wenn die andere litt. Als ich Rahel einmal darauf aufmerksam machte, verstand sie sofort, was ich meinte und bestätigte es. Es war einfach eine sehr intime Zeit für die beiden. Rahel war auch dabei, als Fatima starb. Sie machte das wunderbar.

Bei meinem zweitletzten Besuch saß ich im Bett neben Fatima. Wenn jemand ALS oder eine andere schwächende Erkrankung hat, kommt man sich körperlich auch recht nahe, wenn die Beziehung stimmt. Fatima saß also an mich gelehnt und wollte mir unbedingt etwas sagen. Sie wusste natürlich, dass ich mich wehren würde, aber sie bestand darauf. Sie wollte mir unbedingt etwas Geld geben, damit ich mir davon etwas gönnen könnte. Als mir irgendwann aufging, dass ich mich mit einer todkranken, befreundeten Frau zankte, gab ich nach und sagte: „Ok, ich kaufe mir eine Flasche Gabriela Sabatini als Andenken an dich." So habe ich es gemacht. Ich freue mich jedes Mal an Fatima und Gabriela Sabatini, wenn ich mich damit einsprühe. Und ein bisschen bin ich dann auch traurig.

## 19. Religiöse Menschen und der Tod

Viele Menschen haben die Idee, dass jene, die ein religiöses Leben führen, keine Mühe mit dem Sinn des Lebens und der Angst vor dem Tod haben. Warum sollte das so sein? In jeder Robe steckt ein Mensch.

Eine befreundete Philosophin erklärte mir einmal, dass man davon ausgeht, dass jede Religion ihren Ursprung in der Angst vor dem Tod hat. Das erscheint irgendwie logisch, wenn man nicht gerade an eine wörtliche Auslegung der Schöpfungsgeschichte der eigenen Religion glaubt.

Es ist schwer vorstellbar, dass sich eine Religion entwickelte, bevor sich der Mensch seines eigenen Todes bewusst wurde und damit existentielle Fragen und Fragen nach dem Sinn des Lebens erschienen. Wie schon zuvor beschrieben, sind die wirklich existentiellen Fragen nicht beantwortbar, woraus sich verschiedene Bewältigungsstrategien entwickeln können:

1. Man stellt Thesen und Glaubenssätze auf, die diese Fragen beantworten.
2. Man setzt sich mitten in die unbeantwortbaren Fragen hinein.
3. Man berauscht sich, um sich nicht damit auseinandersetzen zu müssen.

Jede von uns kennt alle drei Strategien. Um sie mal von der religiösen Ebene abzuheben, möchte ich sie an einem Alltagsbeispiel verdeutlichen:

Zu 1. Salat ist zweifellos gesund! Schokolade ist definitiv ungesund!

Zu 2. Ist Schokolade besser als Salat, nur weil ich sie lieber mag? Wer bestimmt eigentlich, was besser ist?

Zu 3. Wenn ich gestresst von der Arbeit nach Hause komme, habe ich mir eine ganze Tafel Schokolade verdient.

Ich spare mir religiöse Beispiele. Sie wären aus ALLEN Religionen wählbar und würde ich eine als Beispiel herausgreifen, würde ich einem Mitglied sicherlich auf die Zehen treten. Dies aber ist absolut nicht mein Anliegen. Alle Religionen haben Glaubenssätze, alle mystischen Zweige der Religionen kennen Meditation und Kontemplation und alle Religionen kennen Methoden und Rituale, um angenehme Gefühle zu erzeugen und um Menschen im Leiden zu trösten.

Anstatt eine Religion über eine andere zu stellen, möchte ich gerne diese Gleichheit betonen. Denn wenn man akzeptiert, dass der Ursprung aller Religionen die unlösbaren Fragen des menschlichen Daseins sind, und dass sie uns Bewältigungsstrategien offerieren, dann kann man auch religionsübergreifend Menschen als Menschen betreuen, wenn sie ganz real mit der unlösbaren Tatsache des Todes konfrontiert sind. Der Ursprungsgeist aller Religionen ist geistige Stärke, Ethik und Mitgefühl zu vermitteln und Methoden zu bieten, um Einsicht ins Leben zu erlangen.

Meiner Ansicht nach braucht es für jene, die überkonfessionelle Spiritual Care anbieten, Basiswissen im Bereich der verschiedenen Religionen und vertiefte Übung der eigenen Religion, Austausch mit Menschen, die andere Religionen aus tiefem Herzen praktizieren und den Mut, mit unlösbaren Fragen zu sein. Wer dies weiß und nicht-weiß, kann auch mit anderen Religionsangehörigen, mit Atheisten und „selfmade" spirituellen Menschen über das Leben und seinen Sinn reden.

Drei religiöse Menschen kommen mir dabei in den Sinn.

## 20. ARNA, MEINE GLAUBENSSCHWESTER

Ich traf Schwester Arna im Krankenhaus zum „Familienge-spräch". Ihre Roben hatte sie abgegeben für ein Spital-hemd, aber neben ihr saßen zwei ihrer eingekleideten Mit-schwestern. Tatsächlich ist die Ordensgemeinschaft für ihre Mitglieder die Familie. Da ich selbst zehn Jahre im Zen-Buddhismus ordiniert war, war ich mir dessen bewusst, als ich ins Zimmer kam. Ohne über meinen Hintergrund zu re-den, fühlte ich mich mit Schwester. Arna sofort verbunden.

Da lag sie also in ihrem Krankenbett, todkrank und quickle-bendig. Schwester Maja und Schwester Oberin saßen da-neben, um herauszufinden, ob sie im klösterlichen Pflege-heim mit unserer Unterstützung betreut werden könne, dessen Leiterin Schwester Maja war. Da Schwester Arna eine komplexe medizinische Versorgung brauchte, wurden wir für die Behandlungspflege mit einer Schmerzpumpe zu-gezogen.

Ich wurde höflich von allen dreien begrüßt und auf eine schlichte Frage, wie es ihr, Schwester Arna, denn gehe, stellte sie mich sofort auf die Probe, um herauszufinden, woran sie war. Es ginge ihr gut, die Schmerzen seien erträg-lich, sie wisse, dass sie sterben müsse und sie wolle das nicht unbedingt bewusst mitbekommen. Ob das möglich sei?

Ich hatte keine Ahnung, und zwar nicht in Bezug auf das Medizinische, sondern weil außer ihr zwei Nonnen anwesend waren, von denen ich nicht wusste, wie sie die Frage beantwortet sehen wollten. Da Schwester Arna aber, was ihre Versorgung anbelangte, sowohl von ihnen als auch von mir abhängig war, wollte ich nichts anbrennen lassen. Ich sagte ihr, dass sie sich nur soweit bewusst mit ihrem Tod auseinandersetzen müsse, wie das ihr persönlicher Glaube verlange. Wenn es ihr zu viel würde, dürfe sie auch gerne zwischendurch schlafen. Ich wurde nicht der Ketzerei beschuldigt und durfte Schwester Arna nach der Entlassung im Pflegeheim aufsuchen.

Also klingelte ich an der Klosterpforte und wurde etwas skeptisch empfangen und durch verschiedene Gänge in den dritten Stock begleitet. Auf dem Gang des Pflegeheims traf ich viele ältere Nonnen und viele jüngere weltliche Pflegende. Schwester Maja war vermutlich die jüngste Nonne, die ich traf. Ich wünsche ihr von Herzen, dass auch sie noch jemanden findet, der sie im Falle von Pflegebedürftigkeit so versorgt, wie sie Schwester Arna versorgt hat.

Schwester Arna hatte die gleichen Fragen wie alle anderen Menschen auch. Sie hatte Ängste und Zweifel. Wie viele Gläubige haderte auch sie mit Gott. Ich fand es sehr berührend, dass sie mit mir darüber sprach. Tatsächlich haben wir uns nur dreimal im Pflegeheim getroffen, bevor sie starb. Aber es war sofortige Herzensverbindung da, vor allem nach meiner Antwort im Spital.

Sie fühlte sich wegen ihrem Mangel an Demut in Bezug auf ihr Sterben schuldig. Ich empfahl ihr, in einen ernsten Dialog mit ihrem Gott zu gehen, ihn regelrecht zur Rede zu stellen, wenn der Sinn ihres Daseins und ihres Leidens eine Frage sei. Schwester Arna hatte viel Erfahrung mit Gebet und nahm das sehr ernst. Das Ergebnis erzählte sie einer Kollegin von mir. Nachdem sie wohl eines Abends so etwas Ähnliches wie ein Nahtoderlebnis hatte, sagte sie zu ihr: „Wenn ich gewusst hätte, wie schön es da drüben ist, hätte ich viel weniger Angst gehabt." Ich fragte sie noch einmal, wo sie sterben wolle. Da antwortete sie, in der Obhut von Schwester Maja; ihr gehöre ihr Vertrauen.

An der Schwelle zum Tod hatte sie das Vertrauen in das Göttliche wiedergefunden, aber auch das Vertrauen auf die Menschen um sie herum. Vertrauen ist meiner Ansicht nach ein Geisteszustand. Er richtet sich dahin aus, wo er gebraucht wird. Der Islamische Mystiker Kalil Gibran sagt über das Vertrauen: „Vertrauen ist eine Oase im Herzen, die von der Karawane des Denkens nie erreicht wird."

Schwester Arna musste den Schlaf nicht künstlich herbeiführen, der Krebs macht das oftmals für uns. Schwester Arna schlief bald friedlich ein.

Als ich ins Kloster kam, um die Pflegematerialien abzuholen, kam ich mir vor, als ob alle Nonnen einen Teppich für mich auslegten. Ein völlig anderes Gefühl als am ersten Tag. Auch fühlte ich mich irgendwie immer den Tränen nahe. Schwester Maja dankte mir nochmals für meine Unterstützung und ich erwiderte, dass ich wüsste, wie wichtig für Ordinierte die Gemeinschaft ist, und dass es mir deshalb so viel bedeute wie ihr. Ich dankte ihr für die liebevolle Pflege von Schwester Arna. Sie war verblüfft, dass jene so viel Vertrauen in sie investiert hatte.

Wie viel es aber für die Nonnen bedeutet hatte, dass Schwester Arna in ihrer Gemeinschaft sterben konnte, begriff ich erst, als ich schon fast zur Tür draußen war. Eine alte Nonne lief mir hinterher und wollte mir persönlich danken. Sie sagte: „Vor zweiundfünfzig Jahren habe ich mit Schwester Arna zusammen die Krankenpflegeausbildung gemacht. Seither haben sich unsere Wege nie getrennt. Danke, dass Sie geholfen haben, sie heimzuholen und dass sie hier bei uns sterben durfte."

Mit Tränen in den Augen begriff ich, was im menschlichen Leben Sinn macht. Es ist die intime Begegnung mit unseren Mitmenschen. Im Sinne von Martin Buber, wenn aus dem Gegenüber anstatt dem „Es" ein „Du" wird: „Ich werde am Du. Ich werdend spreche ich Du. Alles wirkliche Leben ist Begegnung."

## 21.  PHIRUN ODER DIE KUNST DER HINGABE

Eine relativ kurze Geschichte war die von Phirun. Er kam vor über 25 Jahren aus Kambodscha in die Schweiz, sprach aber kaum ein Wort Deutsch. Er kam in seinen letzten Lebenstagen auf die Palliativstation. Ich bin mir nicht mehr ganz sicher, ob er in Begleitung eines Angehörigen war; was ich aber noch genau weiß, ist dass er einen kleinen Buddha in der Hand hielt, dessen Sockel in sein Taschentuch eingewickelt war. Da er aus einer anderen Tradition kam als ich und zudem aus dem Osten, hatte ich keine Ahnung, warum er das machte. Aber es war unglaublich wichtig, dass der Sockel eingewickelt war.

Da mich als Buddhistin viele fragten, was das soll, sagte ich irgendwann: „Damit der Buddha nicht an die Füße friert." Aber vermutlich war es der Brauch seiner Volksreligion, dass die Füße des Buddhas nicht den Schmutz der Erde berühren.

Auf jeden Fall verließ Phirun das Zimmer nie ohne diesen Buddha und oft murmelte er vermeintliche Segenssprüche vor sich hin. Einmal rezitierte ich die Lobpreisung auf den Buddha in Pali und er schaute mich total verwirrt und erfreut an. Das waren die einzigen Worte, die wir wechseln konnten. Seine Familie kam in großen Scharen und es war immer unglaublich friedlich und doch sehr lebendig um ihn herum. Er starb ganz ruhig mit einem Lächeln im Gesicht. Für seine letzte Reise bekam er einen neuen Anzug und neue Schuhe. Ich stellte ihm seinen Buddha zwischen die Hände, so wie er ihn immer gehalten hatte. So eine Tiefe von Hingabe wie seine, war mir noch nie begegnet, auch im eigenen Geist und Herzen nicht.

Am nächsten Tag kam ein Mönch seiner Tradition und rezitierte die üblichen Abdankungssutren. Ich kam ins Zimmer, wo schon 20 Menschen am Boden knieten und machte die üblichen Niederwerfungen, sehr zum Erstaunen und zur Freude aller Anwesenden formell korrekt und angemessen höflich. Sein Netzwerk war umwerfend.

Phirun aber lag einfach nur da und lächelte.

## 22. MARTIN UND DAS HIMMELSTOR

Martin und seine Frau Elisabeth waren ein spezielles Paar. Elisabeth fing mich schon an der Tür ab, um erst mal fast eine Stunde mit mir zu reden, bevor ich zu Martin durfte. Erstens schlief er gerade und zweitens wollte sie mich schon mal schonend auf seine direkte Art vorbereiten. Martin war ein sehr belesener Lehrer Mitte Achtzig. Man würde ihn liebevoll verkopft nennen, denn liebevoll war er. Sein ganzes Leben lang war er praktizierender Christ. Seine Frau war für alles Praktische zuständig, sie bezeichnete sich selbst als seinen Finanzminister. Es war ein wunderschönes, humorvolles, aufs Innigste vertrautes Ehepaar, beide völlig klar in ihrem Alter. Es ist für mich immer sehr bereichernd, wenn ich mich mit älteren Menschen unterhalten kann. Wenn sie dann auch noch ihr Leben so klar reflektieren können, dann ist es ein zusätzliches Geschenk.

Auf jeden Fall wollte mich Elisabeth vorwarnen, dass es durchaus sein könnte, dass ihr Mann sehr direkt mit mir umginge und er mich auch zurückweisen könnte. Alle Warnung hat nichts genützt. Martin war einer jener Menschen, die es geschafft haben, mich wirklich zu überraschen. Aber wie schon erwähnt: Ich liebe Testfragen. Als ich also am Ende meines ersten Besuches kurz den schlafenden Mann begrüßen durfte, machte er prompt die Augen auf und sagte in glasklarer Stimme zu mir: „Ich klopfe schon quasi an das Himmelstor. Glauben Sie an das Paradies?" Ich musste wirklich lachen und antwortete, dass ich durchaus an ein Paradies glaube, wir zwei aber vermutlich eine völlig andere Vorstellung davon hätten. Was denn seine wäre und was er denn  hinter diesem Tor erwarte? Da musste er auch lachen und feststellen, dass er es nicht wusste, aber dass er neugierig war und sich darauf freute. Das war eine Antwort, die ich wiederum spitze fand. Während der kurzen Zeit unserer Unterhaltung stand seine Frau nur hinter mir und schüttelte vergnügt den Kopf über uns beide.

Selbst jetzt, wo ich dies schreibe, sitze ich vor dem Computer und schüttle lachend den Kopf, wie Elisabeth. So etwas passiert einem wahrscheinlich nur einmal im Leben.

Martin brachte seine letzten Tage vermutlich in Freude und Frieden zu, obwohl er auch Phasen von tiefem Zweifel hatte. An verschiedenen Abenden aber kam eine Freiwillige und mit ihr diskutierte er seine tiefsten Glaubensfragen und Einstellungen. Da konnte glaube ich kein Pfarrer mithalten. Eine dieser Nächte war seine letzte. Die zwei hatten die ganze Nacht über Glaubensfragen geredet und am nächsten Tag wachte Martin nicht mehr auf. Das machte mir etwas Sorgen wegen Elisabeth, die es aber ganz gelassen nahm und neben ihm saß und Psalmen las, bis er starb. Sie hatte sich bereits von ihm verabschiedet.

Tatsächlich besuchten Elisabeth und die Freiwillige später zusammen das Grab von Martin. Wenn er von jenseits der Himmelspforte davon etwas mitbekommen hat, hat ihn dies sicherlich gefreut. Die beiden Frauen jedenfalls hatten ihre Freude an ihm.

## 23. RELIGION UND SPIRITUALITÄT

Ich glaube nicht, dass diese drei erzählten Geschichten religiöse Menschen in ihrem Verhalten am Lebensende generell wiederspiegeln. Was aber Halt zu geben scheint ist, wenn Menschen Methoden kennen, die destruktive Gedankenschlaufen durchbrechen und in Vertrauen wandeln können. Auf einer tiefen Ebene sind Vertrauen und Liebe dasselbe.

Dieses Kapitel ist wahrscheinlich nur für jene interessant, die sich mit solchen Fragen beschäftigen.

Ich habe mir ein paar Gedanken zum Thema Religion und Spiritualität gemacht. Für mich ist Religion nichts Theoretisches, sondern etwas Gelebtes und Praktiziertes, so wie die Liebe gelebt und praktiziert werden will.

Weisheit
Die meisten Menschen beantworten die Frage, ob sie sich als spirituelles Wesen empfinden, mit „Ja". Einige von ihnen praktizieren innerhalb einer anerkannten Religion, doch viele tun das nicht. Also muss es ein Verständnis von Spiritualität geben, das jenseits von Religion in uns vorhanden ist. Man kann Spiritualität vielleicht auch mit intuitiver Weisheit übersetzen. Auf jeden Fall scheint da etwas in uns zu existieren, das weiß, dass das Leben mehr ist als das, was ich wahrnehme. Sokrates hat sich gewundert, warum das Orakel ihn als weisesten Menschen ausgesucht hatte

und er mutmaßte, dass es wohl daher komme, dass er wisse, dass er nicht wisse.

Die Christen und Mohammedaner nennen es Gott, die Juden sprechen den Namen nicht aus, die Buddhisten nennen es Buddha-Natur. Rilke beschreibt es in seinem Gedicht *der Schauende* folgendermaßen:

> *Wie ist das klein, womit wir ringen,*
> *was mit uns ringt, wie ist das groß:*
> *ließen wir, ähnlicher den Dingen,*
> *uns so vom großen Sturm bezwingen,*
> *wir würden weit und namenlos.*

Die Frage für einen religiösen Menschen ist nicht, welchen Namen wir diesem Nicht-Wissen geben, die Frage ist, ob wir es erfahren können im Leben und vor allem auch im Sterben.

### Im Zentrum meines allgemein wahrgenommenen Lebens stehe ICH

Was ich damit meine, ist ein „Ich", welches mehr oder minder bewusst eine Abgrenzung zieht zum Rest der Welt, definiert als alles, was ich bin und was ich nicht bin. An einem einfachen Beispiel ausgedrückt: Der Baum und ich sind zwei abgetrennte Einheiten. Dem Baum gegenüber empfinde ich etwas. Meine Empfindungen sind ich, der Baum aber nicht.

Hinter dieser Wahrnehmung gibt es noch viele unbewusste Bereiche, zu denen wir gar keinen Zugang haben, die aber für das „Ich" genauso bedrohlich sein können wie eine objektiv wahrgenommene herrschsüchtige Chefin. Je unsicherer ich bin, desto mehr verstärke ich die Grenzen meines Ichs auf der Suche nach Sicherheit und definiere mich genauer: Ich bin so und so, ich mache das und das, ich bin das und das... und der Rest bin ich nicht.

Je mehr wir aber dieses „Ich" in Stein meißeln, desto verletzlicher wird es und desto mehr Energie brauchen wir, um die Fassade aufrecht zu erhalten. Unser Dasein basiert auf der Angst, dass dieses „Ich" bedroht sein könnte. Besonders relevant wird diese Bedrohung in der Konfrontation mit dem Tod, der diese selbstdefinierten „Ich" eins nach dem anderen entlarvt. Weil ich dann nicht mehr kann, verliere ich nach und nach meine Identifikationen als Berufstätige, Freundin von..., Leiterin von... Dann kommen Dinge, an die wir nie gedacht haben; zum Beispiel die Identifikation mit den Dingen, die wir kochen, essen und trinken, mit unserer Stimme, der Art, wie wir das Unterhemd in die Hose stecken oder unsere Haare richten. Später können wir auch das nicht mehr und ein kritischer Punkt bei fast allen Menschen, die ich begleite, ist dann erreicht, wenn wir den Urin nicht mehr kontrollieren können.

Das alles gehört zum Sterben dazu. Als erstes Feedback zu diesem Buch sagte eine Freundin, ich hätte nur die einfachen und guten Geschichten erzählt. Zwischen den Zeilen lesen Sie hoffentlich, dass die oben genannten Verluste für alle sehr schwierig sind. Was ich mit den Geschichten zeigen möchte ist, dass ein Mensch seine Fähigkeit zur Beziehung und zum Mensch-Sein nicht verliert, „nur" weil er eine Diagnose hat, an der er stirbt, oder weil er alt ist und stirbt.

Weil wir vor der Konfrontation mit den Identifikationen unserer zusammengedachten „Ich's" Angst haben, passiert folgendes:

1. Es ist immens viel Geld mit Scheinsicherheiten und mit meinen Abgrenzungen und Ängsten zu machen
2. Ich werde dabei ungeschützter und kleiner
3. Je dicker die Grenze, desto einsamer werde ich.

### Die Rolle der Religionen

Das nun ist der Punkt, an dem Religionen zum Tragen kommen. Religionen sollen Menschen auf der Suche nach der anfänglich erwähnten Weisheit unterstützen und ihnen genügend Sicherheit bieten, sich auf eine größere Perspektive einzulassen.

Im Prinzip sind Religionen Methoden, die dem Ziel dienen:

- Zu erkennen, daß es ein abgetrenntes *Ich* gar nie gab, es aber trotzdem ein *Ich* gibt.
- daß das *Ich* nicht im Zentrum der Welt steht, dass das aber kein Drama ist.
- Wenn es das abgegrenzte *Ich* nicht gibt, gibt es keine anderen, nichts was ein *Ich* bedroht und keinen Tod.
- Das ist das Ende der Dualität.
- Es beinhaltet einerseits, daß wir erkennen, daß wir auch all das sind, was wir nicht sein wollen.
- Es bedeutet, daß wir alles sind.
- Es bedeutet, daß alles EIN Leben ist

Die tiefsten religiösen Erfahrungen werden in den mystischen Traditionen als Gottesschau oder Erwachen bezeichnet.

Um dieses Ziel zu erreichen, bieten Religionen Methoden in vielen Formen an. Wenn wir in westlichen Ländern wohnen, werden Methoden aller Religionen angeboten und wir können schauen und wählen, welche uns hilft. Dadurch entstehen neue Formen von Religionen und Spiritualität. Jeder Mensch kann die Methode finden, die am besten zu ihm passt, um als Mensch zu wachsen. Dabei gibt es nicht eine bessere Methode oder Religion, solange sie diesem Ziel dient.

Was jetzt folgt, ist meine persönliche Perspektive in Bezug auf spirituelle oder religiöse Methoden.

### Welche religiösen Methoden gibt es? Spirituelle Praktiken.

### Gott, Allah, Jahwe, Die Große Mutter Erde oder Buddha-Natur

Mein Verständnis von dem, was grösser ist als wir – nennen wir es der Einfachheit halber Gott – ist folgendes: Solange wir Gott als ein von uns abgetrenntes Wesen im Außen betrachten, sind wir wie Kinder. Das sind wir am Anfang eines spirituellen Weges auch. So wie Kinder durch ihre Eltern inspiriert menschliche Dinge wie Laufen, Essen, Reden lernen, so lernen wir von dem Bild, das wir uns von Gott machen. Es soll uns inspirieren und Sicherheit geben, Neues zu lernen, um über unser begrenztes Verständnis hinauszugehen und wirklich ein Kind Gottes zu werden. Insofern sind Bilder von Gott genauso eine Methode, wie keine Bilder von Gott zuzulassen, um gar nicht erst in eine Projektion zu verfallen. Die Methode muss einfach dazu dienen, daß wir uns dem öffnen, was jenseits unserer Definition eines *Ich*s ist. In Predigt 23 heißt es: „Als ich aus Gott heraustrat, da sprachen alle Dinge: Es gibt einen Gott."

## Ethik
Ethik ist eine Grundlage aller Religionen. Sie dient der Sicherheit in Beziehungen zu anderen und zu uns selbst. Ethik und das Bereuen, anderen durch unser Verhalten Leid zugefügt zu haben, schaffen Vertrauen.

## Kontemplation
Kontemplation oder Achtsamkeitsübungen eröffnen uns Einsichten in festgefahrene Muster und Verhaltensweisen und in neue Möglichkeiten der Lebensgestaltung.

## Meditation
Objektfreie Meditationen zielen auf Einsicht in Nicht-Dualität. Wenn diese Dualität aufgehoben ist, dann löst sich auch unser Konzept von Zeit und Raum, Vergangenheit und Zukunft, Leben und Tod als Gegensatzpaare auf.

## Schulung von Mitgefühl, Liebe, Mitfreude und Gleichmut
Dies sind Geisteszustände, die in allen Menschen vorhanden sind und die man mit Methodik zum Reifen bringen kann.

## Rituale
Rituale beziehen sich auf eine Bewusstseinsebene in uns, die über unser rationales Verstehen hinausgeht. Sie binden uns durch wiederholtes Tun in das große Ganze des einen

Lebens ein. Durch die Tat des Rituals geben wir uns hin (und das *Ich* auf). Rituale können sowohl Rezitationen sein als auch Gebet oder Liturgie. Meist haben sie auch einen körperlichen Ausdruck wie das Niederknien der Katholiken, den Kreistanz der Sufis, das Yoga der Hindus oder die Niederwerfungen der Buddhisten. Rituale beziehen oftmals auch esoterische Elemente mit ein.

## Spirituelle Gesprächsmethoden

Menschen saßen schon immer im Kreis. Für spirituelle Zwecke gab es dann gewisse Rituale, um den Kreis mit dem zu verbinden, was grösser ist als das einzelne Mitglied im Kreis.

Es gibt auch noch andere spirituelle Gesprächsmethoden. Quasi alle, die ich kenne, haben Ethik als Grundlage und Regel.

## Triebverzögerung (Askese) und Geduld im Ertragen von Unangenehmem

Die Übung der Askese dient eigentlich dazu, dass man lernt, mit unangenehmen Eindrücken zu sein und von ihnen etwas über das Ich zu lernen. Sie lehrt, nicht sofort die Grenzen des „Ich's" aggressiv zu verteidigen, davonzulaufen oder triebhaft angenehmen Sinneskontakten hinterherzulaufen.

## Gedichte und poetische Lehrtexte

Quasi alle Religionen kennen das. Das deutsche Wort macht dies auch deutlich. Da wird etwas verdichtet, auf den Punkt gebracht, der Kern ausgedrückt. Ein Gedicht ist eine Ausdrucksform für das Unausdrückbare.

## Wissenschaftliche Erkenntnisse

Wissenschaftliche Erkenntnisse zielen auf genau das Gleiche ab wie Glaubensreligionen. Sie wollen erkennen, was das *Ich* ist und was es bedeutet, Mensch zu sein. Je mehr sich die Wissenschaft entwickelt (sie ist ja noch eine recht junge Religion) desto mehr erkennt sie das Nicht-Wissen wie zum Beispiel durch die Quantenphysik oder die String Theorie. Was die Hirnforscher im Moment gerade herausfinden, ist für ein fixiertes Ich auch nicht gerade erbaulich.

Bei all diesen Ausführungen geht es nicht um Fanatiker, die ihre jeweilige Religion dazu missbrauchen, ihre egoistischen Ziele im Diesseits oder Jenseits zu verwirklichen. Ich rede nicht über jene, die religiöse Stellungen für Sex, Besitz oder Macht missbrauchen. Und auch nicht über jene, die ihre Minderwertigkeitskomplexe und Ängste dadurch zu kompensieren versuchen, dass sie sich das Hirn waschen lassen oder alles tun, um zu einer Gemeinschaft zu gehören, selbst wenn das bedeutet, sich und andere in die Luft zu sprengen. Das hat meiner Ansicht nach nichts mit Religion zu tun.

## 24. Mystische Geschichten

Ich persönlich bin jemand, dessen Spiritualität eher auf Disziplin und Herzens-/Geistesschulung gründet, als auf Esoterik und übersinnlicher Wahrnehmung. Aber in unserer wissenschaftlich ausgerichteten westlichen Welt hat außer messbaren Werten kaum eine Erfahrung Platz und selbst Meditation gilt als suspekt.

Wenn eine Fachperson in der westlichen Medizin daher über mystische Erfahrungen redet, läuft sie sofort Gefahr, sich unglaubwürdig zu machen. Doch wo verläuft die Grenze? Wollen wir unser Leben wirklich auf Laborwerte, Magnetresonanzbilder und EKGs begrenzen lassen? Oder wollen wir in Erwägung ziehen, dass es Einflüsse gibt, die wir nicht oder noch nicht kennen, die wir irgendwie aber erleben, und die durchaus unser Leben verändern?

Interessanterweise erlebte ich einige solcher Geschichten gerade auf der Intensivstation. Noch interessanter war für mich, dass ich mich irgendwann traute, auch über Dinge zu reden, die ich nicht per Blutgasanalyse beweisen konnte und dabei ernst genommen wurde. Ich behaupte heute noch, dass ich nur deshalb gehört wurde, weil ich fachlich sehr professionell ausgebildet bin und man mir nicht unterstellen kann, dass ich eine „Eso-Tante" bin. Mir selber aber blieben zwei Ängste: Jene, mich lächerlich zu machen und jene, wie ich mit solchen Erfahrungen umgehen sollte.

Ich fragte mich: „Wenn Professionelle niemals darüber reden, dass es mystische Erfahrungen am Sterbebett gibt, vielleicht bin ich dann psychisch irgendwie daneben?" Was mich von dieser Schlussfolgerung abbrachte, war das Outcome für die Patienten und die Angehörigen. Auch half es, dass alle mystischen Traditionen über solche Erfahrungen berichten. Genau und einzig aus diesem Grund möchte ich das Tabu brechen und ein paar erlebte Geschichten der Gegenwart dazu erzählen.

Durch ein Trauma in meiner eigenen Kindheit war ich tatsächlich wohl „dünnhäutig" und für solche Erfahrungen empfänglich. Meine „Fähigkeit" für unerklärbare Wahrnehmungen ist mittlerweile erloschen. Die Heilung meines Traumas führte durch eine Belehrung einer hinduistischen Lehrerin, die enge Zusammenarbeit mit zwei Lehrerinnen der buddhistischen Tradition und durch westliche Therapie und Analyse. Zwar sind mir seither einige Fähigkeiten mystischer Art verloren gegangen, aber dafür überfordert mich das Leiden anderer nicht mehr im selben Maß und ich habe mehr Einfluss darauf, wie viel ich mittragen kann. Auch habe ich einen stärkeren Geist und ein größeres Herz, um damit umzugehen.

Trotz allem möchte ich diese Geschichten meines Lebens nicht missen und möchte sie auch ehrlich erzählen. Vielleicht ist es wirklich so, dass wir auf der Schwelle zwischen Leben und Tod weniger rationale Grenzen haben und uns auf eine andere Art verständigen können.

## 25. STEFAN WILL ENTSCHEIDEN

Mit Stefan erlebte ich meinen ersten „mystischen Schock"
auf der Schwelle zwischen Leben und Tod. Stefan ist nicht
gestorben, aber er war sich nicht sicher, ob er wollte. Er
lebt vermutlich immer noch, aber das weiß ich nicht. Als ich
ihn kennenlernte, war er 19 Jahre alt und lag an der Beatmungsmaschine auf der Intensivstation. Nicht nur das, er
lag im Schaukelbett, wurde ernährt und war an eine künst-
liche Niere angeschlossen. Er hatte so ziemlich alles, was
man jemandem bieten kann, der künstlich am Leben gehalten wird und von dem man nicht weiß, ob die Zukunft dieses Menschen Leben oder Sterben heißt.

Stefan hatte einen Diabetes Typ I, was bedeutet, dass er
sein Leben lang Insulin spritzen und Blutzucker messen
muss. Er darf viele Dinge nicht essen, die für andere normal
sind und wird sich mit Folgeerkrankungen auseinandersetzen und abfinden müssen. Dafür, dass man sich das mit 19
Jahren nicht vorstellen kann, sich ausgesondert und min-
derwertig fühlt, habe ich vollstes Verständnis.

Stefan hörte auf, sich Insulin zu spritzen. Die Folge: Man
kommt in ein Koma und stirbt. Stefan wurde aber vorher
gefunden. Er wurde wiederbelebt und landete bei uns auf
der Intensivstation. In der Bewusstlosigkeit hatte er sich an
Erbrochenem verschluckt, was seine Lunge nachhaltig
schädigte.

Es war der dritte Tag nach seiner Wiederbelebung und er war so instabil, dass wir nie wussten, ob er unsere Schicht überleben würde. Man kann den Stress nicht leugnen, den das beim Behandlungsteam eines 19-jährigen verursacht. Ich hatte Spätdienst. Ab einer bestimmten Uhrzeit wird es auch auf einer Intensivstation ruhiger, zumindest das Außenrum.

Ich kam keine Minute von Stefans Bett weg. Ich versuchte alles, um seinen Kreislauf und seine Atmung stabil zu halten und nichts schien anzuschlagen. Gegen 22 Uhr, also nach sieben Stunden Arbeit, gab ich auf. Ich nahm mir einen Stuhl, sackte darauf zusammen und stellte im Stillen die Frage: „Wie um alles in der Welt geht es dir?"

Ich habe keine Ahnung, warum ich das fragte. Als Intensivpflegefachfrau war ich komplett auf Werte und Zahlen fixiert. Einen bewusstlosen Menschen zu fragen, wie es geht, war normalerweise gar nicht in meinem Spektrum an Möglichem. Als ich aber ebenso im Stillen die Antwort hörte: „Ich möchte selber entscheiden, ob ich leben oder sterben will und ich will, dass du das meiner Familie sagst", da war es vorbei mit meiner Fassung und ich war hellwach. Das war das erste Mal, dass mir so etwas passierte und vielleicht brauchte es meine Erschöpfung, damit es dazu kommen konnte. Ich war mir aber völlig darüber im Klaren, dass ich mich auf keinen Fall der Lächerlichkeit preisgeben und darum auch nicht darüber reden würde.

Nur leider war Stefan am nächsten Tag noch immer gleich instabil. Was war meine Lächerlichkeit im Vergleich zu seinem Leben? Angst hatte ich trotzdem.

Stefan hatte eine jüngere Schwester. Ich entschied mich, irgendwie über Brigitte zu thematisieren, was ich vermeintlich erfahren hatte. Als sie am Abend auf Besuch kam, ging ich zu ihr hin und sagte lediglich einen Satz: „Kann es sein, dass dein Bruder selber entscheiden will, ob er mit dieser Krankheit leben oder sterben will?" Sie stand da wie angewurzelt und starrte mich an. Plötzlich drehte sie sich auf dem Absatz um, ging zu ihrem Bruder ans Bett und sagte laut zu ihm: „Ich weiß, dass du dich selber entscheiden willst. Aber ich will, dass du lebst, denn ich liebe dich." Ich stand daneben und konnte kaum fassen, dass ich dies bezeugen durfte. Natürlich liefen mir sofort die Tränen runter.

Tatsache war, Stefan war von dieser Stunde an stabil, er konnte langsam von allen Maschinen entwöhnt werden und überlebte ohne erhebliche Ausfälle. Ich habe keine Ahnung, ob Stefan wirklich irgendetwas davon mitbekommen hat und weiß. Wir waren uns vertraut, als er erwachte, aber das war ich mit vielen meiner Patienten. Ich sprach nicht darüber, denn ich war von dem Erlebnis noch viel zu überfordert.

Ein halbes Jahr später klingelte es an der Tür der Intensivstation und da stand er mit einem Blumenstock. Er wollte ihn mir als Dank vorbeibringen. Da wurde mir klar, wie sehr es sich gelohnt hatte, mich der Gefahr auszusetzen, mich lächerlich zu machen. Ich wäre ihm am liebsten um den Hals gefallen, aber dazu war ich damals noch viel zu verklemmt.

## 26. Urs, ein Christkind besonderer Art

Laut seiner Mutter Magdalena war Urs immer ein strahlendes Wesen gewesen, welches ihr viel Freude im Leben brachte. Sie und ihr Sohn verbrachten sehr viel Zeit miteinander, sie musste es also wissen. Ich weiß nicht, ob ich behaupten darf, ich hätte Urs kennengelernt. Aber ich habe vier sehr intensive Nächte auf der Intensivstation mit ihm verbracht und er verblüffte mich.

Urs hatte seit seiner Geburt eine Diagnose, die mit Muskelschwund einhergeht und die meist im frühen Erwachsenenalter aufgrund von Komplikationen zum Tod führt. Nun lag er als Folge einer Wiederbelebungsmaßnahme auf unserer Intensivstation und sein Hirn war so geschädigt, dass es keine Hoffnung mehr gab. Bevor die Entscheidung fiel, dass man die Beatmungsmaschine und alle lebensverlängernden Maßnahmen stoppt, hatte ich zwei unruhige Nächte mit ihm. Ich kam zur dritten und eine Kollegin empfing mich mit der Neuigkeit, dass seine Mutter die Nacht auf der Intensivstation verbringen würde.

Um meinen aufkommenden Ärger zu erklären, möchte ich sagen, dass man nachts auch als Pflegekraft nicht in bester Verfassung ist. Ich zumindest war oft sehr müde und verletzlich. Mich nun um eine Mutter kümmern zu müssen, deren Kind im Alter von 24 Jahren hirntot auf der Intensivstation liegt, lag jenseits meiner Vorstellungskraft. Ich selbst war nur knapp zehn Jahre älter. Und so raunzte ich erst mal die Kollegin an, was ihr einfalle, dies zu erlauben, ohne mich vorher zu fragen. Das tut mir heute noch leid und ich bin froh, dass ich mich gleich am nächsten Tag dafür entschuldigt habe.

Nun war die Mutter eben da und mir blieb nichts anderes übrig, als mich damit zu arrangieren. So sah ich es in den ersten Stunden. Mit meiner Kollegin ging ich ins Zimmer und sie stellte mich der Mutter vor, einer hübschen Frau Anfang Fünfzig, die erdrückt neben dem Bett ihres Sohnes saß.

Es war eine sehr ruhige Nacht auf der Intensivstation. Vielleicht hat es so sein sollen. Nachdem alle weg waren und die anderen Patienten stabil waren und schliefen, ging ich zu Magdalena rein, setzte mich neben sie auf das Bett und redete mit ihr. Sie erzählte mir aus ihrem Leben mit einem behinderten Kind, ihrer Fürsorge und Liebe für ihn, ihrer Einheit, weil er auf sie angewiesen war und dem Scheitern ihrer Ehe. Sie sprach auch über ihre Trauer, weil sie ihn verlieren würde, und dass sie jede Stunde, die sie noch habe, mit ihm teilen wolle, vor allem die ruhigen in der Nacht.

Zu jener Zeit übte ich intensiv, den Geisteszustand der liebenden Zuwendung zu nähren und eine der Methoden dafür war Mantras zu singen. Ich arbeitete mit einer Lehrerin, die gerne singt und viele Lieder in die Übung einbringt, die unserer Gesangskultur entsprechen. Ich sang und singe noch heute gerne für meine Patienten, manchmal still in mir drin, manchmal singe ich ihnen etwas vor. Ich fragte Magdalena, ob sie eine liebende Güte Meditation für ihren Sohn mit mir machen wolle, worauf sie meinte, sie würde das sogar sehr gerne, aber sie habe keine spirituelle Praxis. Ihr Ex-Mann würde mit indischen Lehrern arbeiten, es würde sie interessieren, aber sie habe wegen Urs nie Zeit dafür gehabt. Sie könne aber keine Verbiegungen machen und könne sich im Moment nur sehr schwer konzentrieren. Ich entgegnete, dass das nichts mache, ich würde einfach neben ihr sitzen und singen und sie soll ihm all ihre Liebe schenken, über die sie gerade so wunderbar gesprochen habe. Ich hatte die Größe der Liebe unterschätzt.

Es war wie ein Bogen von Licht und ein Strahlen zwischen diesen beiden Menschen, wie ich es nie zuvor erlebt hatte. Ein Fluss fast tastbarer Liebe. All meine Unsicherheit verflog mit der Zeit, weil ich mich gar nicht getraut hätte, durch das Ende meines Gesangs diesen Fluss zu durchbrechen. Das Singen klang nach mehr als einer halben Stunde auf natürliche Weise aus – auf der Intensivstation wohlbemerkt, wo sich selbst in dieser Zeit nicht eine Maschine per Alarm zu melden traute. Es war, als ob die Zeit still stehen würde. Ich verließ den Raum und fand die Mutter später im Nachbarbett ihres Sohnes ruhig schlafend vor. Wir verabschiedeten uns am nächsten Morgen herzlich, noch bevor die Kolleginnen eintrudelten.

Natürlich erzählte ich keinem, was vorgefallen war, denn über solche Dinge redet man nicht auf Intensivstationen. Da redet man über Laborwerte, Beatmungswerte, Hirnströme, Kommunikationsprobleme und andere Störungen im Leben. Aber über Liebe??? Ich ging also müde und gleichzeitig aufgeregt nach Hause.

Trotzdem blieb es nicht unentdeckt. Denn die in diesem Fall speziellen Kommunikationsprobleme mit dem Vater des Sohnes waren am nächsten Tag keine mehr. Mein Problem war allerdings, dass in der folgenden Nacht nicht nur die Mutter da war, sondern auch der Vater, nach friedlicher Trennung der Ex-Ehemann von Magdalena. Nach meinem unangebrachten Protest der Nacht zuvor, wagte ich nichts mehr zu sagen, aber beantwortete die Fragen, was denn gestern Nacht geschehen sei nur sehr dürftig. Was hätte ich auch sagen sollen, ich wusste es ja selbst nicht.

Mittlerweile war Urs sogar der letzte Patient auf der Station, es war also definitiv ruhig. Ich begrüßte Vater und Mutter. Max war ein eindrücklicher, schöner Mann, erfolgreich im Beruf und von dominanter Persönlichkeit. Ich wurde erst einmal auf meine Fachkenntnisse geprüft und bestand. Er tat mir wirklich leid und ich verstehe die vielen Männer, die sich auf Rationales zurückziehen, wenn sie von ihren Gefühlen überwältigt werden. Da ich aber schon wusste, dass er mit einem indischen Lehrer arbeitet, war mir klar, dass in ihm auch viel Suche und existentielle Fragen lauerten.

Nun waren also drei Betten in diesem Intensivzimmer, eines davon belegt vom hirntoten Sohn dieses Paares. Der Entschluss war gefallen, dass am nächsten Tag die Maschinen gestoppt würden. Ich war sehr unsicher, was in dieser Situation von mir erwartet wird, worauf ich erst mal das Bett des Sohnes so stellte, dass es zwischen den Betten von Magdalena und Max stand. Wir bewegten uns etwas verklemmt umeinander herum, und als Max mal kurz auf die

Toilette musste, fragte ich Magdalena, was sie sich von mit erhoffte. Sie sagte schlicht: Die Wiederholung dessen, was wir gestern erlebt hätten. Als ich Luft holte, um zu sagen, dass das nicht gehe, kam Max schon wieder zur Tür rein und setzte sich auf das gegenüberliegende Bett in Meditationshaltung – „verbogen", wie Magdalena das gestern genannt hatte. Ich saß unsicher neben Magdalena auf dem anderen Bett und wir schwiegen.

Irgendwann brauchte ich für mich Verbindung zur Mutter Erde, um mit dieser Situation zurechtzukommen und so begann ich, ein Mantra zu rezitieren, welches der tibetischen „Heiligen" Tara gewidmet ist, einem Archetyp des Mitgefühls, der Furchtlosigkeit und der angepassten Handlung. Mit der Zeit wurde aus dem unsicheren Schweigen ein demütiges, und dann entstand wieder dieser Fluss der Liebe, diesmal wie ein Bogen zwischen Mann und Frau über das Bett des sterbenden Sohnes hinweg. Auch ich spürte nun die Kraft dieses Menschen, der es selbst in seinen Todesstunden noch schaffte, zu lieben und zu versöhnen.

Als ich aufhörte zu singen, saßen wir wieder schweigend, doch es war ein anderes Schweigen. Plötzlich intonierte der Ehemann dreimal das heilige Ohm der Inder, sprach ein paar intime Worte zu seiner ehemaligen Frau und schwieg wieder. Nach einer Weile beugte sie sich zu mir rüber und fragte, ob sie das nun zurückgeben müsse. Ich konnte nur intuitiv antworten und sagte, jetzt würde wohl leise genügen, aber irgendwann wäre es wohl von heilender Kraft, ihm laut zu sagen, was sie ihm sagen wolle. Kurz darauf verließ ich das Zimmer. Als ich wieder reinkam, saßen sie auf demselben Bett und redeten. Ich war wieder in die Rolle der Professionellen geschlüpft, versorgte einen Patienten und kümmerte mich um seine Eltern. Nach solch einer intimen Geschichte ist es wahrscheinlich das Natürlichste, sich wieder hinter Rollen zu verstecken.

Am Morgen reichte mir Max die Hand mit den Worten: „Machen Sie weiter so", Magdalena umarmte mich. Ich aber floh die Station, den Fragen ausweichend und begab mich ins Auto, um meine Schwester in München zu besuchen.

Denn es war Heilig Abend. Ein Sohn wurde geboren, ein anderer starb. Beide waren Boten der Liebe.

## 27. Hans, mein Schätzle

Hans war da ganz anders. Ich bin mir nicht mehr sicher, ob er nur in meiner Erinnerung ein Jäger war, oder ob es der Wirklichkeit entsprach. Das kann daher kommen, dass er so viel Jägerlatein von sich gab. Seine Heimat war der Stammtisch und er hatte etwas von dem verführerischen Charme, den diese Art Männer manchmal auf uns Frauen haben. Sie wickeln uns um den kleinen Finger.

Wir haben wirklich sehr viel miteinander gelacht. Es war kaum etwas Ernstes aus ihm herauszubekommen, obwohl er seine letzten zehn Tage bei uns auf der Palliativstation verbrachte.

Ihm klarzumachen, dass er mich doch bitte professionell respektvoll mit meinem Familiennamen ansprechen und entsprechend behandeln solle, war ungefähr so erfolgversprechend, wie einem Hund beizubringen, auf einen Baum zu klettern. Es war der Mühe nicht wert und hätte weniger Freude bereitet, als die Umstände zu akzeptieren. Also nannte er mich immer „Schätzle", was er vielleicht mit vielen tat, um sich unsere Namen nicht merken zu müssen.

Hans hatte keine Familie oder sie kamen nicht, ich erinnere mich nicht mehr genau. Er hatte viele Freunde und am Ende hatte er unser Team. Als sein letzter Tag kam, war er alleine.

Ich hatte Frühdienst und nach der Schichtübergabe hatte ich Zeit, mich loszulösen und zu ihm zu sitzen, damit er nicht alleine sterben musste. Er war ganz ruhig, atmete schon unregelmäßig und reagierte nicht mehr auf Ansprache. Ich saß eine Stunde neben seinem Bett und hielt seine Hand. Irgendwann war es auch für mich Zeit zu gehen und da es nicht absehbar war, wie lange er noch leben würde, sagte ich ihm laut Ade, wissend, morgen würde er nicht mehr da sein.

Das Zimmer war eng. Ich drehte meinen Rücken zu ihm, um den Stuhl aus der Ecke zu bringen. Als ich schon zwei, drei Schritte weg war, erklang von hinten glasklar Hans' Stimme: „Tschau Schätzle. Bass uff di uff!" (Pass auf dich auf).

Ich war vom Donner gerührt. Keine gebrochene Stimme, kein Räuspern und nichts. Nur diese beiden kurzen Sätze, ein Abschied und ein Wunsch für mich von einem Sterbenden.

Klar stürzte ich mich auf ihn und duzte ihn nun sogar meinerseits, ob es ihm gut ginge, ob er Schmerzen habe, ob er wach sei? Er aber sagte nichts mehr, verneinte mit einer schwachen Kopfbewegung die Schmerzen und tauchte wieder weg. Vier Stunden später starb er friedlich und geliebt.

Tschau Hans, ich verspreche, ich werde auf mich aufpassen. Einem Toten soll man nicht widersprechen.

## 28. CLARA GIBT IHREN SEGEN

Auf der Intensivstation hatten damals alle etwas gesehen, was mir völlig entgangen war, bis mich ein Kollege darauf ansprach. Er meinte, ob ich nicht mal anfangen wolle, eine schwarze Armbinde mit einem Engel drauf zu tragen, damit wenigstens alle gleich wüssten, woran sie seien. Die Frage, was er denn meine, beantwortete er mit der Rückfrage, ob ich nicht merke, dass überproportional viele Menschen sterben, wenn ich auf der Schicht sei? Ich hatte es nicht bemerkt, musste aber zugeben, dass die Zahlen dafür sprachen.

Eines Tages kam ich auf die Station und wurde von meiner Chefin mit den Worten empfangen, ich könne gleich ohne Übergabe Bettplatz 1 übernehmen. Als ich fragte, was denn bitte los sei, sagte sie, sie habe etwas entschieden heute Morgen. Die Frau in Bett 1, Clara, dürfte von ihren Rhythmusstören her betrachtet schon lange nicht mehr am Leben sein (sie machte wirklich dauernd Kammerflimmern). Heute Morgen habe sie gesagt, wenn Clara mittags noch lebe, wäre es klar, dass ich sie übernehmen müsse, denn dann würde sie auf mich warten. Ich war perplex, aber es war nicht der richtige Augenblick, meiner Chefin zu wiedersprechen, also ging ich rein.

Ich hatte Clara auf die Station aufgenommen und vermutlich die letzten Worte mit ihr gewechselt, bevor wir sie wegen Atemnot intubieren mussten. Sie war schon eine lange

Zeit bei uns und wir schafften es einfach nicht, sie von der Beatmungsmaschine zu entwöhnen. Sie war sonst nicht so extrem instabil wie heute.

An diesem Tag hatten wir endlich den Grund gefunden, warum ihr Kreislauf nie stabil blieb und die einzige mögliche Therapie war eine offene Herzoperation. Genau in dem Augenblick, als die Entscheidung anstand, begann sie damit, Herzrhythmusstörungen zu entwickeln, die eine Operation unmöglich machten. Es war allen – auch der Familie – klar, dass wir das zur Kenntnis nehmen und akzeptieren mussten.

Ich betrat das Zimmer und da saßen Ehemann und Sohn auf je einer Seite des Bettes, dazwischen Clara bewusstlos an der Beatmungsmaschine. Beklommenes Schweigen, weil Intensivstationen jeden erst einmal zum Schweigen bringen. Ich gab beiden die Hand und sagte, das letzte Stück würden wir auch noch gemeinsam gehen, schnappte ein Lagerungskissen und setzte mich mitten auf der Intensivstation neben den Sohn auf den Boden, schwieg und atmete. Es fühlte sich ganz natürlich an. Meine Chefin wusste mittlerweile, dass durchaus etwas Ungewöhnliches dabei rauskommen kann, wenn sie mir einen Blankoscheck ausstellte.

Das Schweigen wurde zu einer tiefen Ruhe, einem verbindenden Element nicht nur mit den Angehörigen, sondern auch mit Clara. Es war ein liebevolles Schweigen, eine Art Meditation. Während ihr Kammerflimmern unglaublicherweise so weitermachte wie bisher, war sie eine Manifestation der Ruhe, die auch auf mich überging. Plötzlich erfasste mich die tiefe Einsicht, dass der Sohn Gottes – und damit wir alle, als Kinder Gottes – ein verbindendes Element zwischen Mutter Erde und Vater Himmel ist. Ich war tief beseelt und hätte lange so weiter sitzen können.

Aber dann geschah etwas Ähnliches wie damals bei Stefan; eine Art innerer Dialog mit ihr, von dem ich nicht wusste, wie wirklich er war und der mich erschreckte. Dieser Dialog ging ungefähr so:

Sie: „Sagen Sie bitte meinem Sohn, dass ich ihn segne."

Ich: „Nein, das mache ich nicht, ich mache mich hier doch nicht noch mehr lächerlich als eh schon."

Sie: „Doch, das ist mein letzter Wunsch."

Ich: „Nein, und das ist mein letztes Wort."

Sie. „Dann sterbe ich nicht!"

Und tatsächlich ging ihr Kammerflimmern weiter, ohne dass sie Anstalten machte, irgendwann zu sterben. Diese Dialogabfolge ging in leichten Variationen über ungefähr zwanzig Minuten. Ich schaute auf die Uhr und hoffte, dass der natürliche Tod mir die Entscheidung abnehmen würde, was aber nicht geschah. Zwanzig Minuten sind für Angehörige in so einer Situation ewig und wir saßen da schon über eine Stunde. Also schwenkte ich von Streiten zu Überlegen, wie um alles in der Welt ich dies kommunizieren könnte, ohne mich komplett unglaubwürdig zu machen und auch ohne den Ehemann zu verletzen.

Rudolf saß neben mir, ein erwachsener, stämmiger Mann. Er hielt die Hand seiner Mutter. Ich nahm all meinen Mut zusammen und sagte zu ihm: „Kann es sein, dass Ihre Mutter Sie segnet?" Er entgegnete: „Ich habe sowas gemerkt." Er brauchte nur die Bestätigung dessen, was auch er als unglaublich empfunden hatte.

Nach dieser langen Zeit des Schweigens erhob sich aber sofort der Vater auf der anderen Seite des Bettes und wollte wissen, was ich gesagt hatte. Ich erwiderte, dass ich das Gefühl habe, seine Frau segne sie. Er fühlte sich in diesen Segen miteinbezogen.

Fünf Minuten später war Clara verstorben. Auf ihrem Gesicht erschien ein Lächeln, wie ich es seither nur bei einer anderen Toten gesehen habe. Es war ein Strahlen, das jenseits von Leben und Tod ist. Als Vater und Sohn draußen waren, um mit dem Arzt zu reden, holte ich alle Kolleginnen ans Bett, vor allem meine Chefin, die mit ihrer Angst vor dem Tod oft rang. Claras Lächeln war ihr Segen auch für uns.

Nach dem Gespräch kam der Arzt zu mir. Er war einer von denen, der in all den Jahren Schulmedizin Mensch geblieben war. Er sagte: „Danke, Schwester Evi." Ich war noch viel zu perplex, als dass ich irgendetwas kapiert hätte und fragte zurück: „Wofür?" „Einfach so."

Ich hatte zu danken. Clara gab mir ihren Segen.

An diesem Tag hatte ich große Mühe, mich wieder im Reich der Lebenden zurechtzufinden. Die Erfahrung der mystischen Einheit war so durchdringend, dass ich mich der

Komplexität des Lebens nicht stellen wollte. Da lag Clara noch tot im Zimmer, als ich innerlich verstört fragte, warum ich lebe. Eine letzte Antwort und ihr letzter Segen: „Damit ich anderen sage, was ich über das Sterben und den Tod weiß."

Mehr als 15 Jahre später schreibe ich diese Geschichte auf. Was ich über das Sterben weiß, haben mich die Sterbenden gelehrt. Ich verleugne meine Angst vor mancher Art zu Sterben nicht und wünsche mir, dass liebevolle Menschen um mich herum sind. Aber ich habe es nicht unter Kontrolle. Die Welt verspricht im Moment keinen friedlichen Tod. Ich weiß, dass ich nichts weiß, aber dieses Nicht-Wissen macht mir keine Angst – und ich weiß um die Liebe und die Einheit des Seins. Möge mein Herz stark genug sein, es auch dann nicht zu vergessen, wenn ich sterbe. Danke, Clara, für deinen Segen.

## 29. „WENN ICH NICHT MEHR WILL, WILL ICH NICHT MEHR WOLLEN MÜSSEN"

Ungefähr so heikel wie das Thema mystische Erfahrung ist das Thema Suizid in der Sterbebetreuung, nur ganz anders und von ganz anderen Leuten thematisiert.

Wenn es um den assistierten Suizid geht, dann wird oft so getan, als ob ein solcher Suizid nur jene betreffe, die assistiert sterben, eventuell noch jene, die bei der Ausführung helfen. Aber sobald die betreuenden Angehörigen und die Professionellen beginnen, ihre eigenen Emotionen in der Sache zu kommunizieren, wird es gleich spannungsgeladen. Meiner Ansicht nach ist dies in zwei unterschiedlichen, mehr oder minder bewussten Einstellungen begründet.

In unserer effizienzorientierten westlichen Welt scheint es nur natürlich, dass man sich selbst entsorgt, wenn es an der Zeit ist. Das begründen wir mit dem Argument, dass wenn man den Werten der Gesellschaft nicht mehr entspricht, man wertlos ist. Wenn man mehr kostet als man zum BIP beiträgt, wird man buchhalterisch zur Last. Diese rationale Argumentationsführung über das Leben passt zu unserem kapitalistischen Verständnis so sehr, dass Menschen sich das kaum ausreden lassen, wenn sie mal angefangen haben, es zu glauben. Das ging neulich soweit, dass mir ein Mensch sagte, dass man Schwerverbrechern das „Exitgift" in die Zelle stellen sollte, damit sie sich das Leben nehmen könnten, wenn sie möchten. Denn für die Gesellschaft seien sie ja eh nur eine Belastung und kosteten Unmengen.

Ab wann ist der Mensch in unserer Gesellschaft nichts mehr wert? Was verstehen wir unter Demokratie? Verantwortung für das Leben, Toleranz und Menschenwürde, oder Kaufkraft und das Recht des Stärkeren? Inwieweit definiert der Kapitalismus unsere Vorstellung von Wertigkeit von Leben? Diese unbeantwortbaren Fragen machen mir bei unserem Umgang mit assistiertem Suizid Sorgen.

Ist ein Mensch weniger wert, wenn er geistig oder körperlich behindert ist? Wenn er süchtig ist? Wenn er aus der Heimat flüchten musste? Wenn er homosexuell ist? Wenn er Krebs hat, alt oder dement ist?

In einem Genozid wird sehr genau definiert, wer etwas wert ist und wer nicht lebenswert ist. Im Nazideutschland, in Ex Jugoslawien, in Ruanda und auch jetzt in den Gebieten der fundamentalistischen Sektierer des IS. Im Kapitalismus geht das subtiler, aber dass sich Menschen das Leben nehmen möchten, weil sie sich aus obigen Gründen nicht mehr wertvoll fühlen, ist erschütternd und der Grund, warum man in Deutschland sehr zurückhaltend ist und sein sollte, wenn es um assistierten Suizid geht. Wenn nun die Sterbehilfeorganisationen ihr „Kundenpotenzial" auf all diese Gruppen ausdehnen möchten, dann beginne auch ich, Autonomie infrage zu stellen.

Die zweite Einstellung, die für uns für den assistierten Suizid spricht, ist unser Verständnis und unsere Idealisierung dieser Autonomie. Geht man nach Sartre und Kant, wird uns ein komplett freier Wille unterstellt und dieser Freiheit wird die Wertigkeit „gut" zugeschrieben. Geht man aber nach den Hirnforschern, unserer neuesten Religion, entscheidet am Ende das Limbische System in unserem Gehirn darüber, was wir tun. Diese Entscheidung ist gefühls-, nicht verstandesbasiert. Dadurch ist sie aber nicht Teil des menschlichen Großhirnes, sondern gesteuert durch tiefere Hirnschichten. Egal wie wir es später verstandesmäßig rechtfertigen, entschieden haben wir aufgrund von dem, was wir als „emotional akzeptabel" erachten. Der deutsche Philosoph Richard David Precht führt diese beiden Argumente zusammen. Er sagt, unsere Entscheidungen basieren auf der blitzschnellen Einschätzung von angenehm oder unangenehm, aber mit dem Erwachsenwerden lernen wir, uns insofern zurückzunehmen, als dass wir ein Outcome in der Zukunft miteinbeziehen. Als Beispiel essen wir weniger Schokolade, als wir wollen, weil wir sonst denken, wir werden zu dick und würden dann nicht mehr geliebt. Precht stellt daher die These auf, Gefühle seien lernfähig und dieses Lernen hat etwas mit dem Verstand zu tun.

Zurück zu der Entscheidung, uns die Freiheit zuzugestehen, dann zu sterben, wenn wir es wollen. Dies bedeutet mit dem obigen Argument, dass wir uns für den Tod entscheiden möchten, wenn wir das Leben emotional nicht mehr akzeptabel finden. Was wir unter „akzeptabel" verstehen, begründet sich auf Erfahrungen, die wir gemacht haben. Da wir an unserem eigenen Körper die Erfahrung des Sterbens aber noch nicht gemacht haben, begründet sich die Vorstellung von „akzeptabel" – oder „nicht akzeptabel" – auf Eindrücken, die wir gesammelt haben, entweder in der direkten Beziehung mit Sterben oder mit gesellschaftlichen und medialen Einflüssen. Sie sind also fremdgesteuert.

Die allerwenigsten Menschen in unserer Gesellschaft haben schon einmal einen anderen Menschen im Sterben begleitet. Für jene, die es taten, waren es meist die Eltern oder andere enge Verwandte. Sterben findet zu über 70 Prozent hinter verschlossenen Türen statt, in Pflegeheimen, auf Intensivstationen usw. Auch jene, die Sterbende betreuen, tun dies meist nur in einem dezidierten Umfeld. Auch ich, die schon hunderte Menschen im Sterben betreut hat, sah noch nie jemanden in einer Kriegssituation, in Pflegeheimen oder nach einem Autounfall sterben. Ich kenne lediglich das Sterben auf Intensivstationen, auf Operationstischen, in einem Veteranenhospital in den USA, auf Palliativstationen und durch spezialisierte Palliativmedizin betreut zuhause. Ich weiß, welche dieser Möglichkeiten ich wählen würde und welche ich nicht wollte, aber weder das eine noch das andere unterliegt meiner Kontrolle.

Unsere selbstbestimmte Entscheidung, wann wir emotional das Leben nicht mehr akzeptabel finden, ist also fremdbeeinflusst oder auf einschlägiger Erfahrung begründet. Wirklich frei ist die Entscheidung dadurch aber noch lange nicht. Meiner Meinung nach sollten wir daher das Kind bei seinem Namen nennen: Wir wollen es einfach nicht darauf ankommen lassen und die Kontrolle behalten.

An dieser Stelle möchte ich die Geschichten von zwei Frauen erzählen, für die geplanter Suizid emotional akzeptabler war als weiter zu leben. Zwei Frauen, die die Kontrolle behalten wollten und die ich dabei begleiten durfte.

## 30. Sarah, Silenzio egal ob bei Hochzeit oder Beerdigung

Es folgt ein Gedicht, das ich für Sarah schrieb. Es entstand wohl zu einer Zeit, als ein Auschwitz Bearing Witness Retreat stattfand, welche ich jährlich besuche.

*Der Wunsch zu sterben*
*Wie eng muss der Raum werden,*
*in dem wir eingesperrt sind,*
*bevor wir es nicht mehr aushalten?*
*Die Zäune in Auschwitz?*
*Der Abbau unseres Körpers durch Multiple Sklerose?*

*Wenn die einzige Kontrolle über unser Leben*
*Noch die ist, es uns zu nehmen*
*Wie groß ist dann die Versuchung*
*Nach dem erlösenden Starkstrom*
*Der erlösenden Pille Barbital?*

*Müssen wir uns damit selbst beweisen,*
*dass wir doch Kontrolle haben,*
*auch wenn es nur noch die Freiheit ist,*
*uns selbst zu töten?*

*Hinter dem Zaun gesessen*
*und eine Stunde mit ihr über Exit geredet,*
*wie könnte ich auch nur wagen zu sagen:*
*Ich habe eine Ahnung von dieser inneren Not?*

Ich lernte Sarah nur deshalb kennen, weil ich die Stelle wechselte und in der Einarbeitungszeit unsere Regionalstellen in der häuslichen Pflege kennenlernen sollte[4]. Sarah hatte keine Erkrankung, die zum Tod führt, sondern eine chronisch fortschreitende Krankheit mit zunehmender Behinderung. Als ich kam, weinte Sarah und jammerte, dass schon wieder eine Neue komme. Es war wirklich zum Weinen, denn mit Behinderungen sind Menschen darauf angewiesen, dass ihre Abläufe möglichst routinemäßig und immer gleich aussehen, damit es sie weniger Kraft und Anstrengung kostet. Nur ließ es sich leider nicht vermeiden, weil im Team zu jener Zeit eben ein großer Wechsel anstand. Sarah tat mir wirklich leid und wir machten das Beste aus der Situation.

Ihr Weinen vermehrte sich und war auch ein großer Stress für alle Pflegefachfrauen, die bei ihr eingeteilt waren. Nach einer Weile kam meine Teamleitung auf die wunderbare Idee, ich solle doch einmal eine Stunde ohne Auftrag zu ihr gehen und nur mit ihr reden und sie fragen, was denn so schlimm sei.

Sarah erklärte sich dazu bereit und war sogar froh. Da erzählte sie mir dann, wie es ist, mit einer zunehmenden Behinderung zu leben, Fähigkeiten zu verlieren, sich als Pflegefall zu sehen, der außer der Erfahrung von Schmerz und Pein kaum noch positive Empfindungen kennt. Sie sprach

---

[4] Häusliche Pflegeorganisationen haben in deutschsprachigen Ländern verschiedene Namen, z.B. Spitex in der Schweiz, Sozialstation in Deutschland. Evis häusliches Palliative Care Team ist eine Spezialabteilung der Spitex.

über die Mühe, die der Alltag kostet und darüber, wie Kleinigkeiten zu großen Problemen werden. Was aber emotional im Hintergrund lag, war die Tatsache, dass sie keine Patientenverfügung hatte und sich bei der Sterbehilfeorganisation Exit anmelden wollte, beides aber ohne fremde Hilfe nicht mehr konnte. Mit ihren beiden Kindern fand sie es sehr schwierig, darüber zu reden.

Also bot ich ihr an, mit ihr, den Kindern und ihrer Bezugspflegeperson ein Kreisgespräch zu führen, bei dem sie aber auch willig sein müsse, ihren Kindern zuzuhören. Als ich der Tochter Michaela die Möglichkeit offerierte, fiel ihr ein Stein vom Herzen und sie besprach es mit ihrem Bruder. Wir trafen uns schließlich zu fünft bei Sarah in der Wohnung und führten dieses rituelle Gespräch, bei dem Vertrauenswürdigkeit eines der Grundsätze ist. Deshalb möchte ich hier nur so viel sagen, dass es sehr berührend für mich war, uns allen auch Tränen runter liefen, wegen so viel Liebe von Menschen, die bereit sind, für den anderen Leiden auf sich zu nehmen. Das Resultat war, dass sich die beiden Kinder jeweils um eine Patientenverfügung und um die Anmeldung bei Exit (einer Schweizer Sterbehilfeorganisation) kümmern wollten, auch wenn es ihnen das Herz schwer machte.

Für Wochen war Ruhe, das Weinen hörte auf. Sarah war froh, dass das Thema vom Tisch war. Ich war nicht mehr bei ihr eingeteilt, hielt mich aber über die elektronische Krankenakte auf dem Laufenden. Als ich vermehrt las, dass das Weinen wieder losging, ließ ich mich einteilen. Sarah war froh, dass ich die Zeichen erkannt hatte und kam. Die Behinderung hatte ein neues Stadium erreicht und für sie war nun der Zeitpunkt gekommen, wo sie keine Lebensqualität mehr empfand und sterben wollte.

Wieder hatte sie Mühe, mit den Kindern zu reden. Aber man möge sich auch die Umstände vorstellen. Wer sagt schon gerne zu den eigenen Kindern, die man sehr liebt: „Ich würde mich gerne nächsten Mittwoch umbringen." Am Ende war die Abmachung, dass sich ihre Kinder für ein privates Gespräch an mich wenden dürfen, sie aber würde es ihnen sagen. Mutig hat sie das gemacht und anschließend saß ausnahmsweise eine Angehörige privat bei mir zu Hause.

Genauso schwer wie es für Sarah war, war es für Michaela. Wichtig für sie war auseinanderzuhalten, was an ihrer Trauer dem Verlust der Mutter zuzuschreiben ist und was der Umstand, dass sie mit Exit geht. Da sie aufgrund der Erkrankung der Mutter die Entscheidung verstand und akzeptierte, konnte sie dann wie jede andere Tochter, die ein enges Verhältnis zur Mutter hat, um diese trauern.

Was geplanten Tod komisch macht, ist dieses Wissen um den genauen Zeitpunkt. Wie geht man damit um? Wie benimmt man sich? Sarah wollte nicht, dass die anderen Pflegekräfte es wissen, sonst würden alle auf Zehenspitzen und unsicher um sie rumtanzen. Da ich sonst nur Menschen betreue, die eine spezialisierte Palliative Care benötigen, wunderte ich mich, warum niemandem auffiel, dass ich öfters zu einer Patientin gehe, die keine lebensbedrohliche Diagnose hat, aber irgendwie ging das im Alltag unter. Während diesen letzten Wochen ihres Lebens redeten wir viel, sie machte wunderbare Biographie-Arbeit, um mit ihrem Leben ins Reine zu kommen und war plötzlich überhaupt nicht mehr weinerlich. Auch mit ihren Kindern lernte sie zu reden, alles geordnet zu hinterlassen, sowohl organisatorisch als auch auf der Beziehungsebene.

Ich versprach ihr, die Pflege am letzten Tag zu übernehmen und holte mir die Erlaubnis, danach ein Kreisgespräch mit den anderen Pflegekräften zu führen, die sie über Jahre betreut hatten.

Am Morgen brachte ich ihr eine Rose mit. Sie erzählte mir, dass sie sich schon zur Hochzeit das Trompetensolo „Il Silenzio" gewünscht habe, aber ihre Freunde und die Familie hätten gesagt, sowas spiele man auf Beerdigungen. Sie habe das Solo von Nino Rossi damals geliebt (ich kam gerade auf die Welt). Nun hoffe sie, dass ihre Angehörigen sich daran erinnern würden und der Neffe es auf ihrer Beerdigung wirklich spiele. YouTube macht es möglich und so saßen wir beide ein letztes Mal an ihrem Küchentisch und hörten uns das Stück mit Tränen in den Augen an.

Gegen 10 Uhr starb Sarah im Beisein ihrer Kinder und der Sterbehelferin von Exit. Auch der Staatsanwalt und die Polizei, die bei unnatürlichen Todesfällen aufgeboten werden, waren freundlich und diskret. Michaela legte ihr meine Rose mit in den Sarg, als Sarah ihre Wohnung zum letzten Mal verließ.

Im Kreisgespräch mit meinen Kolleginnen weinten viele. Es passiert nicht oft im professionellen Raum, dass wir uns gemeinsam für die Trauer um jemanden Zeit nehmen. Schlicht aus dem Grund, dass diese Zeit nicht abgerechnet werden kann. Es war uns jedoch wichtig, die Pflegekräfte damit nicht alleine zu lassen und sie zum Austausch darüber zu ermutigen. Manche waren komplett überwältigt, aber sagten sofort danach: „Ich habe mich gleich wieder im Griff." Das wiederum bewegte mich zu einem Artikel in der Palliativzeitschrift mit dem Zitat: „Ist es unser Ziel, uns im Griff zu haben, um uns die Empörung über den Tod nicht anmerken zu lassen? Heißt Mitgefühl und Beziehung für uns immer noch, daß wir darüber stehen müssen, Verständnis haben und immer die richtige Antwort parat? Heißt Professionalität für uns, nur noch Rolle zu sein, aber nicht mehr Mensch? Gut, dass sie geweint haben." Auch ich muss sagen, dass ich froh bin, nicht allzu oft Exit-Fälle begleiten zu müssen. Es ist komplex und geht einem wirklich ans Herz.

Michaela meldete sich nach ein paar Wochen und lud mich zum Essen ein. Es ging ihr gut mit dem Entscheid der Mutter, sie hatte nochmals das Bedürfnis darüber zu reden, zu erzählen und zu danken. Ich war froh, dass ich die drei und auch die Kolleginnen unterstützen durfte, denn ein geplanter Sterbewunsch kann Involvierte mit traumatischen Erfahrungen hinterlassen. Jetzt, da ich an meinem Schreibtisch sitze und mich an die Zeit mit Sarah erinnere, höre ich mir nochmals Nino Rossi an. Trotz ihrer Behinderung war Sarah keine bemitleidenswerte Frau. Sie war stark, emotional, sehr ehrlich mit sich und traf eine klare und aufrichtige Entscheidung. Ich denke gerne an sie.

Das mit der Trompete hat schließlich auch geklappt. Der Neffe hat es prima hinbekommen und Sarah hat sich wohl sehr gefreut, falls sie es irgendwo mitbekommen hat. Und wenn nicht, darf sie in Friede und „Silenzio" ruhen.

## 31. AGNES WEISS, WANN SIE NICHT MEHR WILL

Mit Agnes verhielt sich der Anfang unserer Beziehung komplett anders. Es hörte sich routinemäßig nach einer Palliativsituation einer Frau in fortgeschrittenem Alter an.

Ihre Tochter Jolande, nahm mich in Empfang und führte mich zu ihrer Mutter ins Schlafzimmer, wo ich neben ihrem Bett auf einem Schemel Platz nahm. Aber anstatt einer schwachen alten Dame lag da einer der klarsten, entscheidungsfreudigsten und wirklich bemerkenswertesten Menschen, die mir je begegnet sind. Wie damals Peter legte sie gleich los, mir die Leviten zu lesen, warum ich ihr die Sterbepillen nicht auf den Nachttisch lege, damit sie ihrem Leben ein Ende bereiten könne, wenn sie wolle? Jolande wusste glaube ich nicht so recht, ob sie stolz auf ihre Mutter sein sollte, beschämt oder überfordert. Da ich die Frage nach „Sterbepillen" (was auch immer Menschen darunter verstehen) weder entscheiden kann noch will, konnte ich mich vollständig auf diese faszinierende Frau konzentrieren und wir hatten eine gute Stunde einen konstruktiven Austausch darüber, was denn nun für sie stimme. Aktiv andere in ihr Sterben einbeziehen wolle sie nicht, auch nicht in Form von assistiertem Suizid. Es kam dann auch heraus, dass sie entschieden hat, nichts mehr zu essen und zu trinken, bis sie auf natürliche Weise stirbt. Ihre Tochter konnte sie dazu bewegen, bitte die paar Tage bis zu ihrem 80. Geburtstag zu warten und ihr auch die Chance zu geben, das

Ganze durch den Aufbau eines Netzwerkes für alle Beteiligten zu unterstützen. Also trank sie an ihrem 80. noch ein Glas Champagner und bekundete dann, das war's jetzt. Ich kam am Tag danach.

Agnes war natürlich klar, dass ich sie nicht aktiv unterstützen durfte. Ich glaube, sie wollte nur ihren Unmut über diese Tatsache kundtun. Eigentlich hatte sie schon entschieden, dass sie niemand anderen für ihren Tod verantwortlich machen wollte und sie deshalb ihre natürlichen Ressourcen nutzen würde. Medizinisch-technisch nennt sich diese Art zu sterben „Freiwilliger Verzicht auf Nahrung und Flüssigkeit", aber als Agnes sich dafür entschied, gab es quasi noch keine Forschung darüber. Zugegebenermaßen machte ich mir ethisch auch keine Sorgen oder dachte nicht daran, dass ich gerade aufgeboten worden war, um einen Suizid zu unterstützen. Agnes hatte sich eh schon entschieden und daran gab es nichts zu rütteln, was sie als Person sehr klar machte. Es reichte ihr völlig, dass ich ihr versprach, sie bis zum Schluss zu begleiten, zusammen mit dem Hausarzt die Symptome kontrollieren und ihre Tochter und den Sohn Bruno unterstützen würde. Ich wäre nie auf die Idee gekommen, ihr das zu verweigern.

Mittlerweile weiß man ein wenig mehr über diese Art des Sterbens, die viele Menschen als einen natürlichen Prozess bei ihren Haustieren kennen. Wenn diese todkrank sind, hören sie auf zu essen und zu trinken und ziehen sich zurück. Man mag sich fragen, ob wir Menschen nicht unnatürlich sind, weil wir das Gegenteil betreiben, nämlich uns in Aktivität stürzen und alles Mögliche an Behandlungen und Terminen über uns ergehen lassen, bis wir manchmal sogar an diesen Maßnahmen Sterben.

Man geht in der Forschung aber heute davon aus, dass es doch eine ganz bestimmte Art von Charakter braucht, um den Verzicht auf Nahrung, aber vor allem auf Flüssigkeit, durchzuziehen. Agnes hatte diesen Charakter definitiv.

Sie war wohl doch kränker als man ihr anmerkte. Ihr Leben dauerte noch drei Wochen und die Symptome nahmen recht schnell zu, als sie die Medikamente absetzte. Allerdings waren die Symptome mit Morphium sehr gut in den Griff zu bekommen, so dass Agnes bis zu ihrem letzten Tag ganz klar blieb und wir nebst der Pflege ihres Körpers wunderbare Gespräche führen konnten. Für Jolande und ihren Bruder Bruno war es schwierig. Sie wussten nicht recht, wie sie mit der Situation umgehen sollten. Aber sie hatten von ihrer Mutter wohl diese Stärke mitbekommen, mit Spannungen umgehen zu können, nach sich selber zu schauen und die Situation anzunehmen, wenn man nichts ändern kann. Agnes war die Frau eines Pastors und die Situation erinnerte irgendwie an das Gebet, welches oft dem Heiligen Franziskus zugesprochen wird:

*Gott, gib mir die Gelassenheit,*
*Dinge hinzunehmen, die ich nicht ändern kann,*
*den Mut, Dinge zu ändern, die ich ändern kann,*
*und die Weisheit, das eine vom anderen*
*zu unterscheiden.*

Eigentlich benahmen wir uns ganz weise. Alle inklusive Agnes gaben wir uns der Entscheidung hin, den Tod nicht länger hinauszuzögern, sondern den natürlichen Lauf des Sterbens zu akzeptieren. Andererseits schufen wir eine Umgebung, die es Agnes, Jolande und Bruno ermöglichten, emotional gesund zu bleiben und ihre Mutter zu unterstützen. Ich kann mich nicht erinnern, Agnes in diesen drei letzten Wochen ihres Lebens irgendwann einmal ängstlich oder zweifelnd angetroffen zu haben. Sie hatte definitiv Mühe, zunehmend auf fremde Hilfe angewiesen zu sein und die Umstellung ihrer Gewohnheiten zu akzeptieren. Das habe ich aber schon im „normalen" Leben und bin im Moment noch nicht scharf drauf zu wissen, wie ich mich in Agnes' Fall fühlen und verhalten werde. Bis auf den letzten Tag war sie geistig hellwach. Am Abend bevor sie eintrübte, redete sie noch mit ihrer Enkelin über Männer und Sex und trank mit ihrer Familie einen letzten Schluck Champagner.

Am nächsten Tag war sie nicht mehr bei Bewusstsein. Wir sorgten dafür, dass sie keine Schmerzen hatte und ihre Kinder und Enkelin wachten mit ihr, bis sie abends friedlich starb. Agnes hat das durchgezogen, Hut ab.

## 32. Zwei, die nicht in Schubladen passen

Genau wie Agnes ein Unikum war, so waren es die folgenden beiden Männer, deren Geschichten ich gerne erzählen möchte.

## 33. *Franz der Gesellige*

Franz passt wirklich in keine Schublade. Das erste Mal, als ich seine Wohnung betrat, fielen mir vor allem die Playboy-Fotos an den Wänden auf. Ich entschied mich, sie zu ignorieren. Dazu kam die Sache mit dem Rauchen und dem Trinken, alles im mäßigen oberen Bereich, aber in seinem Fall doch außergewöhnlich. Franz hatte nämlich einen Kehlkopfkrebs, weshalb er nicht mehr schlucken und auch nicht mehr reden konnte. Damit er atmen und sich ernähren konnte, hatte er einen Schlauch im Hals und einen durch den Bauch in den Magen. Ansonsten ging es Franz aber wirklich gut.

Der Grund, warum das spezialisierte Palliative Care Team dazu gerufen worden war, war, dass er jede weitere Chemotherapie ablehnte und er neben dem Kehlkopf noch einen Lungentumor hatte. Eine Verwandte drängte uns ihm mehr oder minder auf, was er etwas widerwillig zuließ. Anfangs brauchte er uns auch wirklich nicht, er konnte alle

Maschinen, die er zum Überleben brauchte, wunderbar selber bedienen und außerdem ging er gerne aus dem Haus. Franz war ein wunderbar geselliger Mensch. Er wohnte nun nach langen Jahren wieder in seinem Heimatort und fand da auch nebst seinen Geschwistern gleich wieder Anschluss. Er ist einer der wenigen Menschen, die ich kenne, der sich nicht davon abhalten ließ, trotz Tubus aus dem Hals und vernarbtem Gesicht aus dem Haus und ganz normal unter Leute zu gehen.

Vermutlich hatte er erwartet, dass nun Fräulein Anstand als Krankenschwester ins Haus kommen und ihm sagen würde, wie er sich zu benehmen habe. Ich hingegen fand es super, dass er sich selber blieb und bat lediglich darum, das Fenster zu öffnen, damit ich beim nächsten Patienten nicht so nach Rauch stinke. Ansonsten fand ich es aber spannend, wie er sein Leben meisterte und auch, wie man technisch mit einem Tubus rauchen kann. Was sicherlich zum Gelingen der Beziehung beitrug war, dass wir eine Narbeninfektion schnell in den Griff bekommen konnten und irgendwie wurden wir ein gutes Paar für sein letztes Jahr.

In diesem Jahr gab es auch Phasen, wo ich mehrere Wochen nicht bei ihm war, um ihm seine Freiheit zu lassen. In der Regel sahen wir uns alle ein oder zwei Wochen. Er hatte Geschwister, wohnte aber alleine und während wir seine Symptome kontrollierten, rauchte er und wir tranken Kaffee zusammen. Genau genommen trank ich einen Kaffee, immer ordentlich serviert und er gab sich Eistee über die Magensonde. Da er nicht reden konnte, schrieb er all seine Antworten in schöner Handschrift auf einen Block, schrieb auch dieses und jenes über sein Leben und so unterhielten wir uns. Mit der Zeit wurden die Nacktbilder weniger und er nahm auch keinen Alkohol mehr über die Sonde, aber es wäre mir egal gewesen, ich mochte Franz, wie er war.

Irgendwann fiel mir auf, dass das Kaffeegeschirr durch ein neues, sehr modernes Design ausgewechselt worden war, was ich goutierte und worauf er verschmitzt lächelte. Als seine Schwester Helga gleichzeitig zu Besuch kam und ich das neue Geschirr anpries, sagte sie mir heimlich, dass er es für mich gekauft habe. Ich war echt zu Tränen gerührt. Er zeigte auf seine Art, dass auch er in mir nicht nur den bezahlten Profi sah, sondern eben auch den Menschen. Das machte Franz aus.

Franz hatte eine Jugendliebe im Dorf gehabt und wie durch ein Wunder hat sich jene genau in der Zeit bei der Schwester nach ihm erkundigt, als er mit der Diagnose zurückkehrte und mehr und mehr auf Hilfe angewiesen war. Anna war einfach als Freundin wieder für ihn da und Franz blühte auf. Als sie in seiner letzten Woche die 24-Stunden-Aufsicht übernahm, garantierte ich ihr, dass er nicht sterben würde, während sie nach ihm schaute. Er hatte die Tage davor gegen seine Atemnot schon vermehrt Morphium gebraucht, aber er war trotzdem noch komplett klar, glücklich und wollte auch nicht sterben, weil eben Anna wieder da war. Also starb er nicht an diesem Wochenende.

Just am Tag danach wachte seine „kleine" Schwester Helga über ihn und seine Tochter war auf Besuch. Als ich kam, lag er schon bewusstlos und schwer atmend im Bett. Es war klar, dass es nicht mehr lange gehen würde, aber wie lange weiß man nicht. Als ich schon gehen wollte, sagte ich noch zu Helga: „Komm, wir setzen ihn nochmals auf, dann kann er vielleicht den Schleim besser hochhusten." In dem Augenblick, als er stabil an mich gelehnt dasaß, änderte sich das Atemmuster und er trat in die aktive Sterbephase ein. So starb er buchstäblich in meinem Arm.

Helga, seine Tochter und ich zogen ihn nochmals schick an, betteten ihn und dann nahmen wir das neue Kaffeegeschirr und tranken unseren letzten gemeinsamen Kaffee an seinem Totenbett. Falls man sich im Jenseits freuen kann, hat er das sicherlich getan. Wir auf jeden Fall erzählten uns freudige Geschichten des gemeinsam Erlebten mit ihm.

## 34. BEAT DER INTELLEKTUELLE

Das andere Unikum war Beat. Literatur war seine Leidenschaft. Er unterrichtete es auch und ich bereue, nicht seine Schülerin gewesen zu sein. Er wusste intellektuell, dass er an seinem Krebs sterben würde, aber vorher wollte er noch Marcel Proust „Auf der Suche nach der verlorenen Zeit" fertiglesen. Da dies nicht ein kleines Büchlein ist und auch nicht anspruchslose Literatur, wunderte ich mich schon mal, ob das sein Ernst sein konnte. Es war sein Ernst.

Beat hatte den größten Tumor, den ich je gesehen habe und ein Verbandswechsel dauerte etwa eineinhalb Stunden. Aber den durfte ich lediglich zweimal machen. Es war mir nur erlaubt, auf Beats ausdrücklichen Wunsch zu erscheinen und der war dann, wenn er sich bereit fühlte, über den Tod zu reden, oder brennende Fragen diesbezüglich hatte. Das waren jene Zeiten, zu denen seine Verdrängungstaktig nicht funktionierte. Wenn er sich aber für die Sache Sterben öffnete, dann zu 100 Prozent und dann redeten wir auch gleich über alles. Das ging von mittelalterlichen Vorstellungen der Hölle, die in seinen Träumen Wirklichkeit wurden, über Sexualität und Partnerschaft während einer Krebserkrankung bis zum Ärger darüber, dass jemand Uralter aus seiner Verwandtschaft einfach nicht stirbt, während er mit Anfang sechzig an dieser Krankheit zugrunde ging. Das waren unglaublich tiefe und intime Gespräche, die immer damit endeten, dass er sagte: „Jetzt ist wieder gut, ich brauche wieder meine Ruhe. Wenn ich Sie wieder sehen will, rufe ich an." Dann hörte ich nichts mehr von ihm, bis er wieder ein Gespräch brauchte und das war gut so.

Was mich nebst dem Menschen Beat zutiefst beeindruckte, war sein Respekt für seine Ehefrau, und dass er niemals irgendetwas entschied, ohne zu bemerken, dass er das zuerst mit Carmen besprechen wolle. Carmen selbst traf ich anfangs in der Regel zwischen Tür und Angel und einmal für ein längeres, sehr gutes Gespräch. Ich verstand ihn. Die beiden waren echt ein tolles und durch die Jahre der Krankheit eingespieltes Team.

Unweigerlich kam aber auch bei ihm die Zeit des Sterbens dadurch näher, dass sich die Symptome vermehrten. Das bedeutete auch, dass er mich öfters sah als für seine verbale Auseinandersetzung mit dem Tod, nämlich für Notfallübungen gegen Schmerzen. Das schweißte mich auch mit Carmen zusammen, die über diese Unterstützung sehr froh war. Als die Situation zu Hause nicht mehr zu managen war, ging Beat ins Spital und ich war mir ziemlich sicher, er würde es nicht mehr verlassen.

Dann kam aber der Anruf von Carmen, Beats letzter Wille sei es, zum Sterben nach Hause zu können. Wow, das war eine medizinische und pflegerische Herausforderung, zumal mich die Nachricht an meinen Freitagen ereilte. Trotzdem nahm ich den Auftrag an und trabte im Spital an, um mit Beat und Carmen zu Hause eine spitalähnliche Situation mit 24-Stunden-Betreuung zu kreieren.

Beat war unter vollster Medikation in allen Verabreichungsformen, die man sich vorstellen kann. Trotzdem war er bei klarstem Verstand wie immer. Es lag an mir, die Grenzen aufzuzeigen und das bedeutete auch, über konkrete Situationen und Notfälle zu reden. Auf die Frage, was wir im Falle eines Infektes machen sollten, fragte er zurück, ob es bedeute, dass er sterbe, wenn er nicht behandelt würde. Auf mein Bejahen meinte er, ich verlange, dass er sich ganz schön weit aus dem Fenster lehne. Das Gefühl hatte ich wirklich auch, ich kannte ja seine Bewältigungsstrategie. Aber es nützte einfach nichts. Carmen und ich mussten wissen, was er wollte und so sagte ich, dass ich das von ihm verlange, weil ich genau wisse, dass er nicht wolle, dass Carmen oder ich uns für ihn aus dem Fenster lehnen müssten. Ich hatte ins Schwarze getroffen. Also entschied er, nichts zu machen und in diesem Fall das Sterben zuzulassen.

Wir brauchten vier Stunden, bis wir alles aufgegleist hatten. Nach zwei ging ich nach draußen und sagte, ich käme nach der nächsten Besprechung zurück. Nach vier war ich aber so müde, dass ich zu Carmen sagte, sie solle ihm liebe Grüße sagen, ich sähe ihn ja morgen. Am selben Nachmittag empfing er seinen Sohn mit den freudigen Worten, dass er nach Hause dürfe.

Am Abend zeigte er Anzeichen eines Infektes. Da Carmen die Zeichen sofort erkannte, fragte sie ihn, was sie nun tun solle. Nach kurzem Zögern sagte er: „Das, was wir am Morgen besprochen haben." Beat starb in dieser Nacht friedlich im Beisein seiner Frau und seiner Kinder. Ich bereue noch heute, dass ich ihm nicht persönlich tschüss gesagt habe, aber ich kann den Tod nicht kontrollieren und so ist es jetzt.

## 35. Zu jung zum Sterben

Etwas anderes, was nicht in unsere Schubladen passt, ist, wenn Menschen jung sterben. Wenn ich die Geschichten all jener erzählen will, von denen ich finde, sie seien zu jung gestorben, dann kann ich gar nicht mehr aufhören. Ich habe keine eigentlichen Kinder betreut, aber manche waren in ihrem 18. Lebensjahr, manche um die vierzig, manche achtzig Jahre alt. Für mich sind sie alle zu jung zum Sterben, weil ich sie alle noch gerne länger betreut hätte.

1927 schrieb Thornton Wilder den Roman „Die Brücke von San Luis Rey". Beim Einsturz dieser Brücke verloren mehrere Menschen ihr Leben. Einige waren sehr jung, andere hatten das Alter, in dem man „sterben darf". Damals wie heute stellt sich die Frage, ob die jungen Menschen aus dem Leben gerissen wurden, ob da quasi etwas unvollendet geblieben ist. Im Roman macht sich ein Franziskanermönch dazu auf, zu beweisen, dass jedes einzelne dieser Leben ein Ganzes war, egal wie viele Jahre das Leben zählte. Mehr oder minder wollte er einen Beweis dafür erbringen, dass jedes dieser Leben Sinn gemacht hatte und abgeschlossen war. Der Mönch wollte eine unbeantwortbare Frage mittels anerkannten Beweisen beantworten und wurde dafür wegen Ketzerei verbrannt.

Ich weiß bis heute nicht, was sich Thornton Wilder dabei gedacht hat, auch noch diesen Mönch sterben zu lassen.

Vielleicht war es einfach eine Frage, dem Roman einen Abschluss zu verleihen oder weil der Mut, unbeantwortbare Fragen zu stellen, nicht mit Glaube vereinbar ist. Mich hat des Mönchs Drang immer beschäftigt, obwohl ich den Roman schon vor über 15 Jahren gelesen habe. Immer wieder beschäftigt mich Wilders Frage nach dem frühen Tod, wenn ich Menschen betreue, die jünger oder nur wenig älter sind als ich im Augenblick. Schmerzen tut es mich besonders, wenn gesunde junge Menschen oder gar Kinder durch Genozide, Krieg, auf der Flucht, durch Hunger oder Armut sterben.

Auch stelle ich mir dann jeweils die Relationsfrage, die man nicht aussprechen darf, aber die in unserer Welt Realität ist: Ist es berechtigt und gerecht, dass wir für jedes einzelne Leben im Westen so viel Geld ausgeben, so viel Menschlichkeit investieren und so viele Tiere quälend sterben lassen, während wir wegschauen, wie Kinder in Haiti von Müllhalden leben, Kinder aus Afghanistan im Mittelmeer ertrinken oder in Brasilien als Straßenkinder in Drogenkämpfen umkommen, um nur wenige Beispiele zu nennen. Warum ist das Leben hier in der Schweiz oder in Deutschland so viel mehr wert, als das eines Sklavenarbeiters in einer afrikanischen Kupfermine oder eines Unberührbaren in Indien? Darf man solche Fragen haben, wenn man junge Menschen mit Krebs oder ALS betreut, die die Lebenserwartung jener schon überschritten haben, die in Entwicklungsländern leben?

Ich habe keine Antwort auf diese Fragen, aber ich wage sie zu fragen und ich wage es, für meinen Schmerz darüber einzustehen. Ich vermute, durch dieses Eingestehen kann ich es mir erlauben, auch den Schmerz zuzulassen, den jene „jungen" Menschen spüren, die mit einer lebenslimitierenden Erkrankung von mir betreut werden oder wurden.

Ich weiß auch nicht, wie das eine Sterben mit dem anderen zusammenhängt und ob man es überhaupt miteinander vergleichen darf. Ich verweigere es aber, so zu tun, als ob mich der Tod eines jeden von ihnen nicht empörte. Ich weigere mich so zu tun, als ob das eine nichts mit dem anderen zu tun habe oder es falsch wäre, mir darüber Gedanken zu machen. Ich bin zugegebenermaßen froh, dass ich hier im Westen geboren bin, das Privileg habe, mir Gedanken darüber machen zu dürfen, wie ein würdiger Tod aussieht und etwas dafür tun kann. Das erlaubt es mir nicht, die Augen davor zu schließen, dass ein Großteil der Erdbevölkerung dieses Privileg nicht hat. Ich stehe dafür ein, dass sie meiner Ansicht nach das gleiche Recht darauf haben.

Immer mehr komme ich zum Schluss, dass der Schmerz über den frühen oder unwürdigen Tod aufgrund sozialer Umstände einer politischen Lösung bedarf. Der Schmerz jener Menschen, die ich im Sterben begleite, braucht persönliche Zuwendung. Egal unter welchen Umständen Menschen sterben, wünsche ich ihnen, dass sich jemand für ihre Sorgen, Gedanken und Ängste interessiert und sie jemanden an der Seite wissen, der ihnen in der letzten Phase ihres Lebens beisteht.

Mit Martin, Stefan und Sophia sind uns ja schon Geschichten junger Menschen begegnet, aber ein paar andere möchte ich noch anfügen.

## 36. DAMROD, DER SCHWEIZER WALDLÄUFER

Ich muss ihm jetzt einfach diesen Namen aus *Herr der Ringe* geben. Damrod war ein Waldläufer. Als es ihm noch gut ging hatte er oft seinen Rucksack gepackt, um in den Wald zu gehen und dort den Tag und die Nacht zu verbringen, als ich bei ihm zu Hause ankam. Wenn er nicht in den Wald gehen konnte, ging es ihm sterbensschlecht. Das war so, als wir uns kennenlernten und dann wieder, als er starb. Obwohl er ein erwachsener Mann war, benahm er sich oft wie ein Kind oder ein pubertierender Junge. Das war reizend, aber in der Situation manchmal nervenaufreibend.

Damrod war ein Jahr jünger als ich, die Frau an seiner Seite war seine Elbin Idril. Mit ihr hatte er zwei wunderbare Töchter, eine davon ist meine junge Kollegin in der Krankenpflege. Als ob man in dieser Zeit der Endvierziger, wo die Kinder flügge werden und man sich selbst und die Partnerschaft neu definieren muss, als ob man nicht schon genug Umbrüche und Schwierigkeiten hätte, bekam Damrod seine Diagnose – und die war fatal. Er bekam plötzlich Krampfanfälle, Ausdruck von vielen Tumorablegern im Gehirn.

Das Thema Sterben war trotzdem tabu. Das stellte er auch bei der ersten Begegnung mit allen klar, und wenn man es wagte, dagegen zu verstoßen, lief man reelle Gefahr, rausgeschmissen zu werden. Warum er mich trotzdem ins Haus ließ, ist mir nicht ganz klar. Ich vermute, Idril schaffte Klarheit, denn als er entlassen wurde, war nichts mehr lustig bei ihnen zu Hause. Damrod lag auf dem Sofa, er träumte vielleicht noch vom Wald, aber die Krämpfe hatten ihn traumatisiert und verängstigt zurückgelassen. Er machte, was viele junge Krebspatienten machen: jede mögliche Therapie, von der er vorher kategorisch behauptet hätte, dass er das seinem Körper nicht antun würde. Aber die Art, wie er auf dem Sofa lag und das Sterben verleugnete, verdeutlichte, dass der Waldläufer in ihm schon gestorben war. Sich an Idril klammernd, suchte er Halt, sie hingegen wurde davon halb erwürgt, brauchte Halt auch für sich, denn sie erkannte schnell, in welcher Situation sie sich befanden.

Auch mir machte Damrod sofort klar, dass er über das Sterben nicht reden wolle. Also redete ich über das Sterben, ohne über das Sterben zu reden. Wir redeten über den Schmerz.

Cicely Saunders, die Gründerin der westlichen Palliativmedizin, beschreibt den Totalen Schmerz als jenen, der alle Bereiche des menschlichen Daseins erfasst, den körperlichen, den psychischen, den sozialen und den spirituellen. Damrod hatte den Totalen Schmerz und wir fingen beim physischen an, weil man sich da auf sicherstem Terrain befindet, wenn man eine Verbindung zum Mensch schaffen will. Mit Schmerzen und Krämpfen als körperliche Empfindung kann sich kein Mensch auf jemand anderen einlassen. Wie soll sich jemand auf eine Beziehung und ein Gespräch konzentrieren können, wenn der Körper die ganze Aufmerksamkeit beansprucht? Kann man aber diese unange-nehmen Empfindungen in den Griff bekommen, entsteht oft Vertrauen darüber hinaus. So eröffnete Damrod mir nach und nach auch Einsicht in seinen psychischen und sei-nen sozialen Schmerz. Erst nachdem auf diesen Ebenen Vertrauen geschaffen worden war, erlaubte er mir Zugang zu seinem intimsten, dem spirituellen Schmerz. Dies ist oft der Prozess, den es braucht, damit jemand seine Verletz-lichkeit offenbart und dies geschieht jeweils gegenseitig. Es ist ein Prozess des Vertrauensaufbaus, der Zeit braucht. Deshalb sind wir als spezialisierte Pflegefachfrauen froh, wenn wir früh genug zugezogen werden.

In „Verletzlichkeit macht stark" schreibt Brené Brown: „Verletzlichkeit zuzulassen heißt vielmehr, unsere Gefühle und Erfahrungen Menschen anzuvertrauen, die sich das Recht erworben haben, sie zu hören. Verletzlich und offen zu sein beruht auf Gegenseitigkeit und ist integraler Be-standteil im Prozess der Vertrauensbildung. Wir haben nie eine Garantie, bevor wir das Risiko eingehen, uns mitzutei-len."

Damrod und ich führten also wöchentliche Gespräche, manchmal mehr an der Oberfläche, manchmal mehr in die Tiefe. Er bestimmte das Tempo und den Inhalt. Langsam stand er wieder auf, glaubte wieder daran, dass dann die Welt nicht einstürzt, glaubte an die Wirkung der Pharmazie und ging wieder in den Wald.

Als er anfing, über seinen Befund und die weiter wachsen-den Tumore zu reden, wusste ich, dass ich das Thema Ster-ben ansprechen durfte, es vielleicht sogar gewünscht wurde. Es musste aber im Rahmen dessen geschehen, was er ertragen konnte. So fingen wir wieder beim Körperlichen an und machten uns an die Patientenverfügung, die im Grunde soweit schon feststand. Doch das, was er an diesem Tag sagte, sollte sich später noch als extrem hilfreich erweisen. Plötzlich meinte er, er wolle keine lebensverlängernde Maßnahmen und am liebsten Zuhause sterben, wenn Idril und die Töchter das ertragen könnten. Punkt. Sofortige Themenbeendigung für den Tag, denn soweit hatte er sich noch nie vorgewagt. Theoretisch über eine Patientenverfügung zu reden ist eines, aber in diesem Augenblick hatte er faktisch eingestanden, dass er wusste, dass er sterben würde und seine Wünsche geäußert. Ich war völlig überrascht, dankbar für das Vertrauen und stolz auf ihn. Das sagte ich ihm noch, bevor ich ging.

Damrod hatte eine schamanische Praxis, die sehr naturverbunden ist und in der Menschen nach Grenzerfahrungen im spirituellen Bereich suchen, um sich mit dem zu verbinden, was die Natur an Göttlichem zu offenbaren hat. Während meiner Zeit in Santa Fe, Neu Mexiko, arbeitete ich mit einer Zen Lehrerin, die zuvor eine schamanische Praxis hatte, weshalb ich ein wenig damit vertraut war. Eines Tages saßen wir dann am Tisch und ich fragte ihn, was er denn mit den Grenzerfahrungen gesucht habe? Als er erkannte, dass Grenzerfahrungen dieser Art auch immer die Grenze zum Tod antasten, konnte er im Prozess des Sterbens mehr erkennen als seine eigene Vernichtung. Als ich ihn darauf aufmerksam machte, dass diese Zeit seines Lebens jene ist, für die er geübt hatte, öffnete er sich dem Sterben und dem Tod.

Als all dies besprochen war, „entließ" ich ihn mit der Abmachung, dass er sich wieder melden würde, wenn er Symptome zeige. Das Beste aber passierte, als wir uns eine Weile später „privat" trafen und mit Idril einen Ausflug machten, mit dem Ziel, mir einen alternativen Bauernhof zu zeigen, wo ich meinen Geburtstag feiern könnte. Dazu mussten wir aber am Wochenende über einen Berg fahren, was verboten war. Damrod versicherte mir, dass die Wirtin gesagt habe, zu ihrem Hof dürfe man das Verbotsschild passieren, was ich dann auch tat. Wir fuhren ungefähr zwanzig Meter nach dem Verbotsschild, als auf dem Auto hinter mir das Polizeilicht aufleuchtete. Ich drehte mich zu Damrod um und sagte, das Fenster runterkurbelnd: „Das badest du selber aus." Da sagt doch dieser Mensch, in dessen Gegenwart es vor wenigen Wochen verboten war über das Sterben zu reden, zu einem wildfremden Polizisten: „Tut mir leid, ich muss auf diesen alternativen Hof, weil ich nämlich Krebs habe, bald sterbe und nicht mehr soweit laufen kann." Idril und mir fiel die Kinnlade runter und wir durften tatsächlich durchfahren. Es wurde ein sehr schöner Tag mit den beiden.

Es war dann nicht Damrod, der sich meldete, als Symptome auftraten, sondern Idril. Er hatte infolge seiner Hirntumore akut ins Krankenhaus eingeliefert werden müssen und es ging nun darum, wo er sterben würde. Für Idril war das ein innerer Kampf mit der Frage nach ihren Möglichkeiten. Doch plötzlich hatte sie die tiefe, intuitive Einsicht, dass sie es zu Hause schaffen könnten und sie es ihm ermöglichen wollte. Daher rief sie mich an.

Die Verlegung war sehr komplex, mit Schmerz- und Schlaf-mittelpumpen, aber auch wir wollten, dass sein Wunsch zu Hause zu sterben, ermöglicht wurde, wenn es irgendwie ging. Da er in so schlechtem Zustand war, dass es wahrscheinlich nicht allzu lange dauern würde, entschieden wir uns, es zu wagen. Damrod hatte viele Freunde, es war daher eher ein Problem, die Intimsphäre der Kernfamilie zu schützen, als dass es Zeiten gegeben hätte, zu denen niemand nach ihm schaute. Idril richtete ihm ihr Meditationszimmer her und er wurde empfangen in eine Atmosphäre der Ruhe und des Umsorgt-Seins. Er sah auch wirklich immer entspannt aus und lächelte manchmal in seiner halben Bewusstlosigkeit.

Idril und die beiden jungen Frauen, die seine Töchter waren, schauten liebevoll nach ihm und nutzten die Zeit für den Abschied und für das Zusammenwachsen in ihrer eigenen Beziehung. Wenn die Umgebung für den Sterbenden das vertraute zu Hause ist, dann entsteht diese Intimität und Vertrautheit viel leichter, als in einem regulären Spital. Es hilft auch für die Zeit danach.

Damrod starb in der Vollmondnacht, genau wie seine Frau es vorhergesagt und vermutet hatte. Er hat so viele Vollmondnächte im Wald verbracht, dass es zu ihm passte, sich auch an diesem Tag auf seine letzte Reise zu machen. Mit seiner ganzen Familie durfte ich ihn am nächsten Tag nochmals waschen und ankleiden. Ich empfinde es immer noch als eine besondere Ehre, Damrod diesen letzten Dienst erwiesen zu haben.

## 37. Jozo, unser schöner Muslime

Er war 18 Jahre alt und frisch verliebt. Wie könnte man da nicht verzweifeln, wenn man schon seit Jahren an einem schmerzhaften Nervenkrebs rummacht, der nun auch noch als Wunde sehr viel Sekret absetzt und das ganze Bein bis oben hin entstellt? Jozo wollte nicht, dass seine Freundin ihn so sah und so kam sie nur einmal zu uns auf die Palliativstation, als es ihm gut ging. Ansonsten benahmen sich die beiden wie andere Jugendliche auch, schickten einander Nachrichten hin und her und flirteten digital.

Er war echt ein attraktiver Kerl und hätte das Leben vor sich gehabt, wie man so sagt. Er durfte es nicht weiterleben. Kurz nach dem 19. Geburtstag starb er. Eigentlich hätte er gar nicht unbedingt bei uns auf der Erwachsenenstation landen sollen, aber der Onkologe war scheinbar mit der Situation überfordert und bat unseren Palliativmediziner um Hilfe. Da dieser Jozo schon kannte und zu ihm einen guten Draht hatte, kam Jozo zu uns auf die Station.

Das war gut so, denn auf einer Palliativstation gibt es etwas mehr Raum und Zeit für eine solche Situation. Alleine der Verbandswechsel beanspruchte mehr als eine Stunde – ganz zu schweigen von der Körperpflege oder der Mobilisation, um die Haare zu waschen.

Jozos Familie waren Muslime. Wirklich feine Menschen, die an der Geschichte mit Jozo schier bankrottgegangen wären. Jozo war außerordentlich intelligent und der älteste

Sohn, in seiner Kultur also die Hoffnung der Familie. Die Mutter betete in einer Ecke regelmäßig die traditionellen fünf Gebete der Muslime. Das gab seinem Krankenzimmer eine angenehme und ruhige Atmosphäre. Der Vater und die Brüder arbeiteten.

Ich hatte einen guten Draht zu allen Familienmitgliedern und ich verstand auch Jozos Verzweiflung wegen seiner schwindenden Attraktivität. Ich war sogar froh, dass er darüber redete. Er hatte sehr lange Hoffnung, dass er doch noch gesund würde und sagte immer, er wolle nochmals mit dem vorher betreuenden Onkologen sprechen. Es vergingen Wochen, bis wir diesen davon überzeugen konnten, dass er auf der Palliativstation vorbeischaut. Inzwischen hatten unser Chefarzt und ich ein Rundtischgespräch mit Jozo und der Familie und mussten die Tatsachen auf den Tisch legen. Es war wirklich traurig, aber Jozo war extrem tapfer. Wenn er schon nicht geheilt werden konnte, wollte er wenigstens, dass alles in seinem vom Krebs betroffenen Genitalbereich so gut als möglich funktionierte und abgeschwollen war. Bei aller Fremdenfeindlichkeit, der Muslime gerade ausgesetzt sind, wenn es um Frauenfragen geht: Jozo musste es täglich über sich ergehen lassen, dass wir nicht-muslimische Frauen ihn nackt sahen und behandelten. Das finden schon ältere Schweizer Frauen nicht einfach, wie muss das erst für ihn gewesen sein?

Trotzdem hatten wir auch Spaß miteinander, hatten tiefe Gespräche darüber, wie es ist, in seinem Alter so krank zu sein, wie es in seiner zweiten Heimat Mazedonien aussieht, wie stolz er auf seine guten Schulnoten war, seine kindliche

Liebe zu seiner Mutter und seine Freude über seine Freundin. Als ich das erste Mal rausfand, wie wir ihm trotz Riesenaufwand die Haare waschen könnten, war er total glücklich. Dafür hat er wirklich viele Schmerzen in Kauf genommen. Eigentlich war er ein ganz normaler 18-Jähriger, bis zum Schluss.

Bevor ich in die Nachtschicht wechselte, hatte ich ein paar Tage frei. Ich war mir nicht sicher, ob wir uns wiedersehen würden und so verabschiedete ich mich recht offen von ihm. Da sagt doch dieser 18-Jährige zu mir mit meinen etwa 45 Jahren: „Bleib wie du bist." Da kommen mir jetzt im Schreiben noch die Tränen.

Die letzte Woche seines Lebens war extrem hart. Da wollte Jozo nicht mehr, brauchte seine Mutter um sich und irrsinnige Mengen Schmerzmittel. Meine Nachtschicht hat er noch überlebt, aber als ich dann zum Spätdienst wieder kam, war er am Morgen gestorben.

Der ganze Benimm, den man uns Pflegekräften im Umgang mit anderen Kulturen anzuerziehen versucht, war weggeblasen. Ich ging ins Zimmer, seine Mutter saß neben ihm. Es war ihr untersagt zu weinen, damit sie für ihren Ehemann Stärke zeigte. Ich denke, das war hauptsächlich deshalb, weil die noch etwas weniger assimilierten Großeltern da waren. Jozos Mutter nahm mich in den Arm, mir liefen die Tränen runter. Sie nahm für mich noch das weiße Tuch von seinem Gesicht und ich beugte mich über ihn und legte meine Stirn auf seine zum Abschied. Zu allem Übel nahm ich auch noch – oberflächlich wenigstens – den Vater in den Arm als Beileidsbekundung. Ihm liefen auch die Tränen runter, der Mutter dann endlich auch. Ich setzte mich zur Großmutter aufs freie Bett neben Jozo. Ich glaube sie verstand, dass ich um ihren Enkel trauerte und es erstaunte sie scheinbar, dass eine einheimische Frau um ihren Enkel trauert. Dabei bin ich genauso Migrantin wie sie. Integration nimmt manchmal andere Wege, als wir uns das vorstellen, manchmal einfach durch spontane Aktionen des Mitgefühls und des Zusammenstehens im Leiden.

Jozo wurde in Mazedonien beigesetzt. Leider habe ich nie mehr etwas von der Familie gehört.

## 38. MARCOS VERWANDLUNG

Wenn mich jemand fragt, wie alt Marco war, als er starb, weiß ich keine Antwort. Irgendwie war das nie zu fixieren und kam immer darauf an, was ihn beschäftigte und aus welchem Blickwinkel heraus man es betrachtete, wenn man mit ihm zusammen war. Er hatte sicherlich drei verschiedene Alter: ein körperliches, das sich mit Jahren zählen ließ, ein biologisches, welches wegen einer unheilbaren Krankheit begrenzt war und ein geistiges, das durch eine Behinderung kindlich geblieben war.

Kinder seines geistigen Alters haben noch kein Konzept vom Sterben, auch wenn Marco darauf bestand, dass er schon über 30 Jahre alt sei. Sein Vater Jan holte mich gleich beim ersten Besuch auf dem Parkplatz ab, um mir diesen Widerspruch irgendwie zu erklären und zu sagen, dass sie mit Marco nicht über das Sterben reden. Das ging nicht und war auch nicht nötig, weil es ein Sterben in seinem Geist nicht gab. In diesem Sinne waren wir Erwachsenen die Einzigen, die mit seinem Sterben ein Problem hatten, uns aber tat das Herz weh.

Marco war zu Hause immer für die Zubereitung des Kaffees zuständig. Nach dem ersten Mal wusste er, dass ich die grüne Kaffeekapsel wollte und den Kaffee mit Milch und Zucker trinke. Als das Kaffeemachen zu mühsam für ihn wurde, fragte er immer nach, ob Silvia, die Mutter, es auch richtig mache. An einem Tag machte er Pläne für ein langes

Leben und am nächsten war er traurig, weil seine Beine so dick waren und sie bei der Hitzewelle, die die Luft auf 35 Grad erhitzte, übel schmerzten. Er wollte mir E-Mails schreiben, wie es ihm geht, um dann festzustellen, dass er sich nicht mehr aufs Schreiben konzentrieren konnte. Er zeigte mir voller Stolz die Bilder mit seinen schönen und so liebevoll zu ihm haltenden Geschwistern und erzählte mir genau, wo sie aufgenommen worden waren und was sie dort erlebt hatten. Um noch Trauzeuge seiner Schwester sein zu können, ließ er sich im Rollstuhl durch Zürich fahren, obwohl er es hasste, nicht komplett aufrecht, stolz und in schönem Anzug diesen Tag genießen zu können. Unbedingt wollte er in das Ferienhaus in den Berner Alpen und ahnte nicht, dass wir uns schon darauf vorbereiteten, dass er eventuell nicht mehr nach Hause kommen würde. Er war ein sportliches Ass in seinen Disziplinen und sein Vater war sehr stolz auf ihn, auch jetzt noch, da er kaum mehr laufen konnte. Marco sammelte Bordkarten und bereiste innerlich wahrscheinlich alle Länder, die er noch sehen wollte. Leider hat das nicht mehr geklappt.

An seinen letzten Tagen schaffte er es nicht mehr, die Treppe hinunter zu den anderen Familienmitgliedern zu kommen. Aber er wollte auch viel Zeit für sich haben. Der Tumor erlaubte ihm nur begrenzte Ressourcen und ich habe kaum jemanden erlebt, der sie einerseits voll ausschöpfte und andererseits so gut Grenzen setzen konnte. Was er brauchte, sagte er ohne Verschnörkelung und falsche Diplomatie. Er war ein Phänomen, das uns viel über natürliches und angepasstes Verhalten lehrte. Er war ein Phänomen, weil er so liebenswürdig war.

Als ich ihn das letzte Mal sah, lag er im Bett auf der abgedrehten Seite, weil er so besser atmen konnte. Er hatte einen Butterfly liegen, eine Verweilkanüle, über die auch die Angehörigen einfach Morphium spritzen können. Vielleicht kam mir deshalb der Vergleich mit den Schmetterlingen, ich weiß es nicht. Es war klar, dass er an diesem Tag sterben würde. Er war wach und begrüßte mich. Ich fragte ihn, ob er wisse, wie Raupen sich in Schmetterlinge verwandeln, was er bejahte. Darauf sagte ich ihm, dass sein Körper jetzt wie eine Raupe im Kokon sei und dieser werde langsam zu eng. Wenn wir uns das nächste Mal sehen würden, wäre er ein wunderschöner Schmetterling. Er sagte „Okay" und ich hatte das Gefühl, er verstand besser was ich meinte als ich selber. Ich verabschiedete mich von der Raupe. Immer wenn ich nun einen Schmetterling sehe oder als Origami falte, muss ich an Marco und diesen intimen Moment denken.

Laut seinen Eltern vertrug er an diesem letzten Abend wenig Besuch und schickte auch oft die Geschwister raus. Und dann machte er etwas ganz Außergewöhnliches: Er lag in seinem Zimmer und alles, was sie unten hörten waren wiederholte „Tschüüüs"-Rufe. Als ob er sich von allen Menschen seines Lebens verabschiedet, ohne große Wehmut, freundlich und für die Zeit, die es halt braucht, sich wieder zu treffen.

Er traf sie alle wieder bei der Abdankung. Sie kamen zu Hunderten.

## 39. „BIS DASS DER TOD EUCH SCHEIDET."
   LIEBE BEZEUGEN

Trauer ist die Kehrseite der Liebe. Man kann das Eine nicht ohne das Andere bekommen. In einer Zweierbeziehung stirbt eine/r von beiden zuerst, alles andere ist eine Ausnahme, meist ein Unfall. Oft stellt sich dann die Frage, wer hat es einfacher? Der Mensch, der stirbt oder jener, der zurückbleibt? Die Toten können nicht mehr mit uns darüber argumentieren und ich mag mir kein Urteil erlauben.

Wenn Menschen mit mir über die Trauer reden, sage ich ihnen oft, dass man nur um das trauert, was man geliebt hat. Wenn man nicht mehr trauern will, muss man aufhören zu lieben. Wir nehmen den Schmerz in Kauf, weil wir Menschen sind und die Liebe ist unser höchstes Gut. Liebe kann sich auf vieles ausrichten, aber manchmal scheinen sich zwei Wesen zu finden, die einfach füreinander geschaffen sind.

Es gibt ein paar Geschichten, in denen ich die Betreuung rückblickend immer nur als die Betreuung einer Einheit von Zweien sehe. In vielen der schon erzählten Geschichten kommt das hoffentlich durch. Vielleicht ist es meiner eigenen erlebten Kindheit und Jugend zuzuschreiben, warum mich diese Begegnungen so tief berühren, und warum ich davor stehe und mir gar nicht vorstellen kann, dass der eine weiterlebt, wenn die andere stirbt (oder andersrum).

Doch wenn es um die praktische Umsetzung der Sterbebetreuung geht, sind es oft diese liebenden Partner, die für die Anderen über sich hinauswachsen und Dinge möglich machen, die man sich kaum vorstellen kann.

An dieser Stelle möchte ich mich bei allen Paaren bedanken, die mich gelehrt haben und lehren, dass eine lebenslange Liebesgeschichte möglich ist, und dass man sich nach 20, 30, 40, ja sogar noch mehr Jahren noch respektvoll und verliebt in die Augen schauen kann – und dass man aus Liebe für jemanden willig ist, Dinge zu tun, die einen selber schmerzen. Ich durfte nun doch eigentlich recht viele dieser „Wunder" bezeugen und es tut mir leid um alle, die ich hier nicht aufschreiben kann. Viele dieser Geschichten berühren mich noch Jahre später.

## 40. KARLS UND JOSYS VOLLENDETE LIEBE

Wir hatten definitiv ein Verständnisproblem, als ich das erste Mal auf dem entlegenen Bauernhof in der Innerschweiz erschien. Es war mir nicht klar, ob es am Dialekt lag, am Gehör oder daran, dass ich zu schnell redete – oder eine Mischung aus allem. Immerhin waren Karl und Josy beide schon über achtzig. Das Verständnisproblem erledigte sich dann ganz schnell auf unserer gemeinsamen Reise.

Josy hatte einen schnell fortschreitenden Krebs und meldete sich sofort nach der Diagnose, weil sie nicht ihr restliches Leben mit Spitalterminen und Gift im Körper verbringen wollte. So bodenständig war Josy. So sehr wie sie geerdet war, hatte ihr Mann nahe am Wasser gebaut. Neulich sagte eine Freundin zu mir, dass die Romantik nicht von den Frauen erfunden wurde und im Sterben erlebe ich dies immer wieder. Da kommen bei Männern die großen Gefühle hoch, während die Frauen manchmal sogar noch pragmatisch das Überleben für den verwitweten Mann planen und ihm gute Ratschläge geben.

Da saßen wir also zusammen mit der Tochter am Küchentisch in diesem Bauernhaus und Josy und Karl erzählten aus ihrem Leben. Im Zeitraffer durfte ich neunundfünfzig Ehejahre miterleben. Das Werben des Jünglings, der geduldig auf ein Stelldichein wartete, bis die Haushaltstochter für eine Stunde oder so das Haus verlassen durfte. Kurz nach dem zweiten Weltkrieg herrschten offenbar noch andere Sitten. Dann die Ehe und die Trennung des Paares für ein Jahr wegen einer schweren, infektiösen Krankheit. Die Sorge um den Säugling, das Mitgefühl des Arztes. Die zwei weiteren Töchter, das Leben auf dem Hof, die Sonntage in der Kapelle, wo man sich nach der Messe zum Schnapstrinken mit dem Pater traf – und immer noch trifft. Karl liefen immer wieder die Tränen runter und auch Josy brauchte zwischendurch ein Taschentuch. Und immer wieder schauten sich diese beiden alten Menschen an und ich hatte den Eindruck, sie seien total verliebt. Auch Dorothe, die Tochter, und ich konnten uns das Augenwasser nicht immer ganz verkneifen. Oftmals hören die Kinder in solchen Gesprächen zum ersten Mal von der intimen Liebe ihrer Eltern und werden dann auch ganz still, um den Redefluss nicht zu unterbrechen. Vergänglichkeit bringt unbekannte Tiefen hervor und zeigt den verletzlichen und verletzten Menschen in all seiner Schönheit.

Als die Romanze bis zum jetzigen Zeitpunkt erzählt war, fand Karl, dass es für ihn jetzt wieder Zeit sei, in die Scheune und den Stall zu gehen, um zu arbeiten. Das Herz verträgt nur ein bestimmtes Quantum, bis es überläuft. Karl liebte seine Tiere, egal ob es die Kühe waren oder die Bienen. Sie halfen ihm, wenn der Schmerz ihn überwältigte. Josy hatte auch genug und so kamen wir nicht weit mit der Symptomkontrolle und der Prognose. Klar war lediglich, dass sie zu Hause sterben wollte und er wollte das auch.

Als ich ging, trat ich in den Hausgang und schaute geradewegs auf das Bild des Paares, das zwei Jahre zuvor aufgenommen worden war. Er schaut sie an, als hätte er sie gestern zum ersten Mal getroffen und sie strahlt ob der Liebe, die sie verbindet. Es wäre fast schon kitschig, wenn es nicht so echt gewesen wäre.

Da Dorothe und ich uns nicht so ganz im Klaren waren, ob das Verständnisproblem auch mit der Fähigkeit zusammenhing, komplexe neue Dinge zu lernen, nämlich das Medikamentenmanagement, waren wir uns nicht ganz sicher, ob das für Karl nicht zu viel werden würde. Der Sohn der beiden hatte zwar den Hof und wohnte nebenan, aber es war doch letztlich Karl, der mit Josy alleine lebte und nach ihr schaute. Am Anfang hatte ich auch unglaubliche Mühe, den beiden die Dosierung der Medikamente klar zu machen und ich stellte mich wirklich in Frage, ob ich die beste Hilfe für die Familie sei. Wenn es schon mit Tropfen nicht klappt, falls sie Schmerzen bekommt, wie soll das dann später mit Spritzen gehen?

Dann merkte ich aber, dass sie gewisse Dinge nicht machten, weil sie halt ein bisschen stur waren und dachten, nun sei es achtzig Jahre ohne Morphium und Abführmittel gegangen, also gehe das jetzt auch noch. Ging aber nicht. Und plötzlich fassten sie Vertrauen und es gab überhaupt kein Verständnisproblem mehr. Karl wuchs in seiner Sorge und seinem Kümmern so sehr, dass sich Josy schon wieder Sorgen um ihn machte und lieber gar nicht mehr zugab, wenn es ihr nicht gut ging.

Doch dann stiegen die Schmerzen explosiv an und wir verlegten Josy zur Symptomkontrolle auf die Palliativstation. Dort ging es ihr sehr schlecht und alle dachten, sie würde bald sterben. Aber der Tod bleibt ein Mysterium und kommt nicht immer dann, wenn man ihn erwartet. Wir vereinbarten ein Rundtischgespräch und ich war primär dazu eingeladen, dabei zu helfen, Karl verständlich zu machen, dass er sein Versprechen nicht einhalten können werde, sie zum Sterben nach Hause zu holen. So kam ich schweren Herzens mit diesem Auftrag auf die Station, nur um erzählt zu bekommen, dass Josy nach Tagen immer tieferer Bewusstlosigkeit am heutigen Morgen plötzlich aufgewacht sei, um zu verkünden, dass Sterben gar nicht so schlimm sei. Am Rundtischgespräch war sie dann so babbelig, dass wir entschieden: Wenn Karl es sich zutraut, dann könne sie nach Hause. Karl wollte sich das definitiv zutrauen und von diesem Augenblick an wuchs er aus Liebe zu ihr über sich hinaus.

Josy bekam den Logenplatz in einem schönen Holzbett mitten im Wohnzimmer, schließlich mussten alle um sie herum Platz haben. Leider musste ich mokieren, dass das schöne Bett zur Pflege und zum Aufstehen zu niedrig sei. Aber man ist ja schließlich eine große und pragmatische Familie, da braucht es eben mal kurz zwei Balken von Karl, Hammer und Nägel von Mike, dem Enkel, und das Bett ist ruck zuck und mit viel Hämmern zehn Zentimeter höher. Sie waren so stolz und glücklich, dass sie die erste Hürde als Familie miteinander gemeistert hatten. Ich wäre so gerne dabei gewesen.

Karl hatte einen Tisch voll mit aufgezogenen Spritzen und er hatte alles im Griff. Alle Medikamente wurden genau richtig verabreicht, genau richtig dokumentiert und genau richtig rapportiert. Am Ende hätten wir ihn anstellen können. Die Kinder und Enkel kamen und kochten, schauten nach Josy und Karl, erzählten sich Geschichten. Josy blühte auf. Plötzlich war das Leben wieder viel schöner als das Sterben und einmal sagte sie fast schon entschuldigend zu mir, dass sie so sehr liebe und sie deshalb einfach nicht loslassen könne.

Trotzdem schickte sie Karl zu seinem Stammtisch, zur Jahrgangsfeier, zum sonntäglichen Umtrunk zur Kapelle, weil er nicht auf die Idee kommen sollte, wegen ihr zu vereinsamen. Schließlich müsse er ja nach ihr weiterleben, wenn sie gestorben sei. Wie gesagt, Frauen sind diesbezüglich extrem pragmatisch. Auch ging er immer in den Stall und zu seinen Tieren, was seine Medizin gegen das gebrochene Herz war.

An dem Morgen, als Josy das vorletzte Mal am Bettrand saß, hielt Karl sie im Arm und himmelte sie wieder genauso an, wie auf dem Bild im Flur. Es war schier unglaublich, dieser alte Bauer mit seiner Bäuerin im Arm, selber mit vielen Gebrechen und für sie so stark. Sofort sprang ich zum Handy und machte ein Foto. Es war das letzte von ihnen beiden und es stand bis zum Schluss auf Josys Nachttisch.

Tatsächlich ging es viel, viel länger als erwartet und dann brach es uns doch fast allen das Herz. Auch alle Mitarbeiterinnen hatten die Familie und das Paar liebgewonnen und wir fuhren gerne hoch zu Karl und Josy, aber wir konnten sie schlecht leiden sehen. Selbst nachdem Josy bewusstlos wurde, ging es fast noch eine Woche und es beteten langsam schon alle das Mantra, sie dürfe wirklich loslassen. Wenn es nur so einfach und unter der Kontrolle unseres Verstandes wäre, unsere Lieben endgültig loszulassen.

Sie starb dann, als Karl eine halbe Stunde Pause machte und am Küchentisch saß, weil er es nicht mehr aushielt. Ich glaube, sie hätte nicht gehen können, wenn er ihre Hand gehalten hätte. Ich hörte am nächsten Morgen, dass sie noch zu Hause sei und fuhr noch einmal auf den Bauernhof, um mich von ihr, Karl und ihren Kindern zu verabschieden. Letztlich waren es doch einige Wochen, die wir miteinander durchlebt hatten. Schön sah sie aus in ihrem Königinnenbett im häuslichen Wohnzimmer und Karl hatte sein letztes Versprechen ihr gegenüber gehalten: zuhause und bis dass der Tod uns scheidet.

## 41. DAS TEAM SILVESTER UND FATIMA

Silvester und Fatima hatten schon ein paar Jahre Übung mit körperlichen Einschränkungen ihrerseits, als dann auch noch die Krebsdiagnose dazu kam. Fatima hatte seit einigen Jahren Multiple Sklerose. Auch wenn die Krankheit noch nicht zu sehr starken Behinderungen geführt hatte, war sie bemerkbar. Bemerkbar war auch, dass da ein Tandem unterwegs war und Fatima und Silvester waren Profis in Bezug auf Beziehungsarbeit. Brauchte der Eine eine Verschnaufpause, trat die Andere etwas mehr in die Pedale. Das geschah aber auf solch selbstverständliche Weise, dass ihnen beiden das Besondere daran gar nicht aufging, bis ich sie mal darauf ansprach. Es war auch nicht so, dass Fatima durch die Krankheit jene war, die weniger gab oder zur Beziehung weniger beitrug. Diese Frage schien sich den beiden gar nicht zu stellen. Da war nirgends eine Hierarchie in Bezug auf irgendwas zu erkennen. Sie waren eben einfach ein Team.

Eigentlich sollten wir gar nicht hinzugezogen werden. Als Fatima aber drei Tage zu Hause war, nach der Entlassung aus einem Spital, wurde einer Kollegin von mir die Sache zu heiß und sie wollte die spezialisierte Palliative Care dazu. Ich war zugegebenermaßen sehr überrascht, dass Fatima überhaupt entlassen worden war, denn ihr Tumor im Genitalbereich blutete nach der Bestrahlung pausenlos und zwar nicht wenig. Außerdem waren die Schmerzen unbefriedigend eingestellt und die Gesamtsituation dadurch zu

Hause viel zu instabil. Der Hausarzt reagierte wunderbar, als ich ihm am Telefon Bericht erstattete und wies sie postwendend per Notfall wieder ein. Trotz der körperlich sehr instabilen Situation hatten wir drei schon bei unserem ersten Treffen ein wunderbares Gespräch. Fatima war froh, dass die Palliative Care nun drin war, auch wenn sie mich nie selber gerufen hätte. Irgendwie war von jetzt an klar, worüber wir redeten. Ohne genau wissen zu wollen was auf sie zukam, vertraute sie mir von Anfang an, dass ich dann wissen würde, was zu tun sei.

Bei dieser ersten Diskussion darüber, was wir für Entscheidungsmöglichkeiten haben, war das Gespräch zwischen den beiden niemals hektisch, nervös oder unsicher und das, obwohl klar war, wir reden über eine lebensgefährliche Akutsituation. Fatima und Silvester wollten wissen, was die Symptome bedeuten, gerade so, als ob sie mich fragten, was sie zum Kochen im Kühlschrank haben. Ich zählte alles auf und erklärte. Danach besprachen sie das Resultat. So, als ob sie besprächen, was man daraus für ein Menü kochen könnte. Das Ergebnis war ein paar Tage Spitalaufenthalt und dann kam sie stabiler nach Hause.

Silvester und Fatima waren viel gereist. Eigentlich wollten sie auch noch weiter reisen, auch wenn ihr Radius nicht mehr auf den Nordpol oder nach Südafrika reichen würde, so sollte es doch wenigstens bis ins Engadin oder nach Bern reichen. Aber leider kam jedes Mal etwas dazwischen und aus den Reisen wurde nichts mehr. Dafür gab es einen wirklich riesigen Erfolg, als die Fähigkeit zu Gehen abnahm. Fatima wollte nicht im Rollstuhl aus dem Haus. Da sie sonst nicht sehr unter Scham litt, wunderte ich mich darüber, bis sie mir erzählte, welche Pöbeleien und verletzenden Kommentare sie von Menschen, vor allem von Jugendlichen auf der Straße, erfahren hatte, als sie einmal mit ihrer Multiplen Sklerose eine solche Tour unternommen hatte. Sie sprach auch darüber, wie schwer es ist, von Gemeindemitgliedern immer auf das Gebrechen angesprochen zu werden, deren Hilflosigkeit zu spüren, aber nicht mehr als der Mensch wahrgenommen zu werden, der man immer war und noch immer ist. Sie lehrte mich, dass der Mensch im Sterben nicht verloren geht oder auf seine Krankheit reduziert werden möchte.

Wir sprachen zu dritt darüber, wie man mit der Situation umgehen könne und schließlich gingen sie und Silvester täglich raus auf einen Spaziergang am See, wo sie wenigen Menschen begegnen würden und sie sich einfach aneinander, dem Frühling und der schönen Schweizer Heimat erfreuen konnten.

Silvester hingegen wurde von Fatima immer aufgefordert, seine Kontakte zu wahren, weiterhin am Vereins- und Gemeindeleben teilzunehmen und auf jeden Fall stundenlang in der Werkstatt seine Energie und Kreativität auszuleben. Das tat Silvester auch wirklich ohne falsche Schuldgefühle, denn es war sehr ehrlich so gemeint und viele seiner Erfindungen kamen auch direkt ihren zunehmenden Einschränkungen entgegen.

Fatima und Silvester waren erst Mitte sechzig und sie hatten sich noch viele gemeinsame Jahre gewünscht. Aber als das Schicksal anders entschied, machten sie das Beste draus und gingen auch mit ihrer Trauer ehrlich um. So tapfer Fatima auch für Silvester sein wollte, als ein neuer Einschnitt kam, weinte sie und sagte ihm, sie wolle doch einfach noch ein paar Jahre mit ihm verbringen. Wie hätten Silvester und mir da nicht die Tränen herunterlaufen sollen? In dieser Phase haderte sie dann doch. Da sie eine christliche Frau war und mit Gebeten vertraut, gab ich ihr eine Achtsamkeitsmeditation in Gebetsform, um ihr zu helfen, ihre destruktiven Gedankenschlaufen zu durchbrechen. Sie setzte es wirklich um und konnte sich dann auch wieder mit ihren Möglichkeiten auseinandersetzen. Zu meiner und Silvesters Erleichterung durften wir sie in der Palliativstation voranmelden und als es zu Hause nicht mehr ging, konnte ich sie mit gutem Gewissen auf die Station verlegen, wo ich einst gearbeitet hatte und ich sie und Silvester liebevoll betreut wusste.

Ich besuchte sie dort nochmals. Silvester sah müde aus, wich aber nicht von ihrer Seite. Am Tag, an dem sie starb, ging er eine Weile an die frische Luft, um dann einem inneren Ruf zur Rückkehr zu folgen. Sie starb mit ihm an ihrer Seite.

Wenn von solch einem Team ein Teil stirbt, denkt man vielleicht, das ganze Gebäude bricht zusammen. Aber da Fatima immer so darauf geachtet hatte, dass Silvester nie seine Beziehungen aufgibt, fühlte er sich auch darüber hinaus von ihr getragen. Er ging nicht nur wie zuvor seinem gesellschaftlichen Leben nach, sondern machte auch all die Dinge, die er und Fatima entweder zusammen unternehmen wollten, aber nicht mehr konnten, oder die er aus Rücksicht zu ihr hintenan gestellt hatte. Früh kam er ins

Trauer-Café und kommt immer noch. Er spricht so offen über die Achterbahn seiner Gefühle, die sowohl tiefste Trauer, wie auch neuen Tatendrang beinhalten, dass er für viele Mittrauernde eine Quelle der Kraft und des Trostes ist.

Immer wenn ich ihn höre oder sehe, höre und sehe ich auch die bodenständige Fatima, deren Kraft und Güte in ihm weiterleben, als wären die beiden noch immer ein Team. Sie sind es ja auch irgendwie immer noch, nur anders. Und wer weiß, vielleicht geht Silvester ja doch noch einmal nach Afrika, um für sie einen Löwen zu sehen und vielleicht wird er auch nochmals eine Frau kennen lernen, mit der er ein Team bildet. Ich bin mir sicher, Fatimas Segen hätte er.

## 42. Salita und Thomas, eine Liebe, die nicht sein durfte

Eine Liebesgeschichte aber möchte ich noch erzählen, die ganz anders war und herzzerreißend.

Ich arbeitete auf einer Intensivstation und hatte mit meiner Kollegin Manuela Spätdienst. Die Tür flog auf, zwei Notfallschwestern schoben ein Bett hinein, in dem eine offensichtlich junge Frau lag. „REA!"

Das heißt so viel wie Reanimation und ist der Intensivleute liebstes Kind, wenn sie nicht vorgewarnt werden. Ich weiß nicht mehr, ob wir Salita überhaupt reanimiert haben oder ob sofort offensichtlich war, dass es sinnlos gewesen wäre. Die einzige Information, die wir über sie erhalten konnten war, dass ein junger Mann sie schon in diesem Zustand im eigenen Auto auf die Notfallstation gebracht hatte. Er würde dann bei uns klingeln (das muss man, um auf eine Intensivstation eingelassen zu werden).

Plötzlich waren wir eine Person mehr, Manuela, ich, unsere anderen Patienten und nun die tote Salita. Sie war jünger als ich, obwohl auch ich damals erst Mitte zwanzig war, hatte ein asiatisches Aussehen, ein bildhübsches Gesicht und einen extrem aufgeblähten Bauch. Kaum war der Raum „besuchertauglich" hergerichtet, klingelte es an der Tür und Thomas kam. Thomas war ungefähr so alt wie Salita, ein normaler Mittzwanziger mit Schweizer Dialekt.

Wow, war das ein Schock. Manuela und ich wussten absolut nicht, wie wir uns verhalten sollten, also gaben wir Thomas einen Stuhl und setzen ihn neben Salita. Da saß er dann wie ein Häufchen Elend und wir schlichen um das Zimmer rum. Hilflosigkeit pur. Damals hatte ich ja auch noch überhaupt keine Erfahrung, wie man Menschen in solchen Situationen beistehen kann.

Irgendwann brach mir das Herz und ich sagte zu Manuela: „Ich geh da jetzt rein!" Ich schnappte mir einen zweiten Stuhl und setzte mich neben Thomas. Lange passierte gar nichts, außer, dass ich die junge, tote Frau mit ihm zusammen ansah – er starrte eher, um das Unglaubliche zu begreifen. Plötzlich sagte er: „Für Sie ist das wahrscheinlich alltäglich, aber für mich war sie die Liebe meines Lebens." Dann begann er zu erzählen.

Soweit ich mich erinnere, ging die Geschichte so: Thomas war Seefahrer und hatte Salita in einem Bordell auf den Philippinen kennengelernt. Sie verliebten sich, änderten beide ihr Leben und heirateten so schnell wie möglich, damit sie zusammen in der Schweiz leben konnten. Noch auf den Philippinen wurde bei ihr ein Nierentumor festgestellt, der eigentlich bei Kindern vorkommt und gut behandelbar ist. Aber Salita war nicht im Westen und offenbar nicht aus einer wohlhabenden philippinischen Familie. Die einzige Chance, die die beiden sahen, war so schnell wie möglich mit ihr in die Schweiz zu reisen und sie behandeln zu lassen, obwohl auch er kaum Geld hatte und sie nicht versichert war. Er vertraute auf unser Gesundheitssystem. Wir hätten sie auch behandelt, aber sie starb quasi auf der Schwelle zum Spital.

Das ist nicht mein Alltag. Dafür wäre ich nicht stark genug.

Mittlerweile schluchzte er und ich weinte. Salita und Thomas verband eine große Liebe – und auch sie hat der Tod geschieden.

## 44. LUCAS ODER DAS ENDE DER GESCHICHTE

Lucas ist gestorben.

Wie schon erzählt, wurde Lucas (Kapitel 13) sehr von Emotionen gebeutelt, was am Ende seines Lebens etwas Neues oder zumindest nicht mehr Bekanntes war.

Eines Tages kam ich und er lag apathisch im Bett. Annika meinte, es gehe ihm nicht gut, aber es sei nichts Körperliches. So war es auch. Er war verzweifelt, auf die Frage „Warum?" antwortete er, dass das Warten auf den Tod, ohne etwas tun zu können, unerträglich traurig sei. Da gibt es nicht viel zu sagen, so hielt ich seine Hand und wir unterhielten uns darüber, wie das ist, wie er es erlebe und was ihn das lehre. Bezeugen, Verschmelzen und Aushalten von Schwere. Wieder einmal und wieder einmal entstand aus diesem Eins-Werden eine Handlung, die tröstete.

Da die Musik eines der Dinge war, die ihm halfen, fragte ich ihn nach längerem Austausch, ob ich noch ein wenig für ihn singen dürfe. Er freute sich und so legte ich ihm die Hand aufs Herz und sang ihm meine deutsche Übersetzung von Libby Roddericks Lied „How could anyone ever tell you?".

Lucas wurde müder, manchmal nicht ganz klar, aber nie mehr herrisch oder patriarchal. Was ich wirklich liebte, waren die letzten Zeiten, in denen er so grundehrlich wurde. Als das Trinken schwieriger wurde, half ich ihm an einem

Morgen, an den Bettrand zu sitzen. Auf die Frage, was er trinken wolle, sagte er: „Ein Bier". Solche Augenblicke sind den Angehörigen manchmal peinlich, aber da mich Annika mittlerweile gut genug kannte, fragte sie nur zurück, ob das möglich wäre und ich in meiner Freude, dass er überhaupt auf etwas wirklich Lust hatte, meinte „Natürlich!". So saßen wir beide aneinander gelehnt an seinem Bettrand, morgens um zehn, er ein Bier, ich ein Glas Tee – und Annika hatte ihre Freude daran. Es war nicht sein letztes Bier, aber auch das hörte bald auf.

An seinem drittletzten Tag war er wieder traurig. So fragte ich ihn: „Wenn nun die gute Fee käme und du hättest drei Wünsche frei, was würdest du dir wünschen?" Er überlegte und meinte: „Gesundheit." Ich: „Und die anderen beide?" Er: „Es bleibt dabei." Da war ich auch ein wenig traurig und fragte zurück: „Wenn das alles nicht geht, was machen wir dann?" Er: „Wir tauschen die Fee aus!" Ich brach natürlich sofort in schallendes Gelächter aus. Auch das gehört zum Sterben.

Bevor ich ging, las ich ihm noch die Stufen von Hermann Hesse:

*Stufen*

*Wie jede Blüte welkt und jede Jugend*
*Dem Alter weicht, blüht jede Lebensstufe,*
*Blüht jede Weisheit auch und jede Tugend*
*Zu ihrer Zeit und darf nicht ewig dauern.*
*Es muß das Herz bei jedem Lebensrufe*
*Bereit zu Aufbruch sein und Neubeginne,*
*Um sich in Tapferkeit und ohne Trauern*
*In andere, neue Bindungen zu geben.*
*Und jedem Anfang wohnt ein Zauber inne,*
*Der uns beschützt und der uns hilft zu leben.*

*Wir sollten heiter Raum um Raum durchschreiten,*
*An keinem wie an einer Heimat hängen,*
*Der Weltgeist will nicht fesseln uns und engen,*
*Er will uns Stuf' um Stufe heben, weiten.*
*Kaum sind wir heimisch einem Lebenskreise*
*Und traulich eingewohnt, so droht Erschlaffen,*
*Nur wer bereit zu Aufbruch ist und Reise,*
*Mag lähmender Gewöhnung sich entraffen.*
*Es wird vielleicht auch noch die Todesstunde*
*Uns neuen Räumen jung entgegensenden*
*Des Lebens Ruf an uns wird niemals enden...*
*Wohlan denn, Herz nimm Abschied und gesunde!*

Auf die Frage, ob ich ihn drei Tage später nochmals sehen werde, sagte er „Nein".

Drei Tage später lebte er noch, aber er erkannte mich nicht mehr. Er war unruhig, die Medikamente nützten nichts, was darauf hindeutet, dass die Unruhe weder an Schmerzen, noch an Halluzinationen oder Atemnot liegt. Annika war besorgt, er tat ihr so leid. Mir auch, aber diese letzte Reise kann einem niemand abnehmen und man muss sie alleine gehen. Wir Überlebenden müssen einen Menschen loslassen, doch der Mensch der geht, muss alle Menschen, Dinge und alle seine Identifikationen loslassen, am Ende auch seinen Namen und seinen Körper. Ich weiß es nicht, wie es ist, aber einfach kann ich es mir nicht vorstellen.

Da der Tod absehbar war, ließen wir alle unnötige Pflege sein und ich setzte mich noch einmal auf seine Bettkante, legte die Hand wieder auf sein Herz (es schlug wie verrückt) und sang das Lied von Libby Roderick noch einmal. Langsam wurde er ruhig und ich verabschiedete mich von ihm für immer.

Am Abend legte sich Annika neben ihn zum Schlafen. Als sie um Mitternacht aufwachte erkannte sie, dass er für immer eingeschlafen war.

Mögen er, Sie, ich und alle Menschen mit einer „unheilbaren Krankheit" (und sei es nur jene, als Mensch geboren zu sein) das Wissen um unseren Wert bewahren. Und so singe ich am Ende dieses Buches für uns alle „sein" Lied:

*Wie konnte jemals jemand sagen,*
*dass Du weniger bist als wunderbar?*
*Wie konnte jemals jemand sagen,*
*dass Du weniger bist als heil?*
*Wie konnte irgendwer nicht merken,*
*dass Dein Leben wie ein Wunder ist,*
*wie tief wir doch verbunden sind als eins?*

## 45. DIE MORAL VON DEN GESCHICHTEN

Es gibt keine. Ehrlich.

Warum schreibe ich diese Geschichten von Menschen? Ich glaube tatsächlich, dass die Ansammlung der Geschichten einzelner Menschen die Geschichte der Menschheit schreibt. Eine Geschichte ist aber nur dann heil oder ganz, wenn man sie zu Ende erzählt. Irgendwie scheinen wir uns jedoch davor zu scheuen, das Sterben und das Ende des Lebens zu erzählen, entweder, weil wir Angst haben, oder eben weil es uns zu intim erscheint, um darüber zu reden.

Weil mir aber die Menschen, die ich begleiten darf, in einem gewissen Sinne heilig sind, möchte ich darüber reden. Es tut mir weh, dass ich nicht alle ihre Geschichten erzählen kann, es waren so viele. Mögen mir alle nicht Erwähnten diese Tatsache verzeihen.

## DANKSAGUNG

Ich möchte meinen tiefsten Dank all jenen zum Ausdruck bringen, die dieses Buch möglich gemacht haben. Angefangen habe ich aus Ärger über die vielen Ratschläge, die man in anderen Büchern liest, wenn es ums Sterben geht. Ich hatte eigentlich nicht vor, das Buch zu verlegen. Daher gilt mein erster Dank all jenen ArbeitskollegInnen, Hinterbliebenen, Betroffenen und FreundInnen, die immer wieder nachhakten und mich ermutigten zu schreiben, einen Verlag und eine Editorin zu suchen.

Ich möchte all jenen danken, die über die Jahre die Menschen mit mir betreut haben, die in den Geschichten vorkommen, denn natürlich gehört dazu ein ganzes Team an Pflegefachleuten, ÄrztInnen, SeelsorgerInnen, SozialarbeiterInnen, PsychologInnen usw. Die Geschichten sind aus der Perspektive meiner persönlichen Beziehung erzählt, aber alle am und im Bett, haben ihre persönliche Perspektive und jede zählt.

Ich danke Roland Kunz, der sich seit über 20 Jahren für ein würdiges Sterben in der Schweiz einsetzt. Wir trafen uns das erste Mal, als ich auf dem Sprung in die USA war. Er ermöglichte mir nach meiner Rückkehr, Fuß auf der Pallliativstation zu fassen und seither arbeiten wir in unterschiedlichen Rollen gemeinsam für unsere PatientInnen.

Ohne ihn hätte es die meisten Begegnungen mit den Sterbenden im Buch gar nicht gegeben und auch nicht sein liebevolles Vorwort.

Ich danke Elena Ibello für die Übernahme der Edition. Irgendwann ging mir auf, dass es jemand machen muss, der sowohl die fachliche Kenntnis aufweist, als auch Erfahrung und Neugierde im Umgang mit Vergänglichkeit und Tod hat. Obwohl sie eine junge Familie hat und wenig Zeit, sagte sie doch zu, als das Projekt sonst gescheitert wäre. Der Witz und die Geduld, mit der sie mir ihre Korrekturen vorschlug, haben diesen letzten Teil des Buches auch noch zu einer „Geschichte einer intimen Beziehung" werden lassen.

Zeitfracht Medien GmbH
Ferdinand-Jühlke-Straße 7
99095 Erfurt, Deutschland
produktsicherheit@kolibri360.de